4 技能習得!!

実践初級中国語

―理解から定着、そして活用へ―

長谷川賢・加部勇一郎・陳敏

听
说

写
读

KINSEIDO

JN126093

まえがき

　本書は大学の授業で週２回、１年間使用することを意識した初級テキストです。日本語ネイティブ教員と中国語ネイティブ教員が分担して授業を進めることを想定した構成にしました。本文は各課に「会話」と「講読」を設けており、それらのスタイルの異なる中国語文を理解し、練習問題に取り組むことで、「聞く、読む、話す、書く」の４技能をバランスよく学習できるようにしました。また、サブタイトルにあるように、言葉を「理解」するだけでなく、「定着」や「活用」を目指すべく、各課に「実践活動」を設け、習ったことを「発表」できるようにもしました。

　本書は、発音編のほか、全16課あり、各課は以下の構成になっています。

・目標：その課で習得したい表現と、理解したい文法事項について記しています。
・新出語句：「ポイント」、「会話」、「講読」、「練習」に分けて示しています。
・ポイント：各課３つ（第２課のみ４つ）に絞りました。
・会話：各課８行にまとめ、シンプルな会話になるように意識しました。会話の舞台は
　　　　日本で、日本の大学生に身近な内容になっています。
・発音のポイント：各課1つずつ発音のポイントを示しています。発音編で身に付かなかっ
　　　　　　　　　た部分の復習、練習にご活用ください。
・練習１：「会話」に関する練習問題で、リスニングや会話の練習を設けています。
・講読：「会話」＋αの内容の、短い文章です。翻訳や暗誦練習ができるようにしました。
・内容理解：「講読」の内容に関する質問を中国語で答える問題です。
・練習２：「講読」に関する練習問題で、並べ替え、作文など「書く」中心の練習を設け
　　　　　ています。
・実践活動 part1：補充単語や短い文章の音読、翻訳練習などを設けています。
・実践活動 part2：会話や発表ができる練習問題を設けています。

　このほか、教授用資料には、文法ポイントに関する練習問題や小テスト、簡体字の練習シートなどを収録しました。豊富な練習問題を用意することで、学生が授業によりアクティブに参加できるようにしています。

　学生の皆さんには、この教科書を使って積極的に「聞く、読む、話す、書く」＋「発表」の練習をして、中国語の基礎を身につけてほしいと願っています。

　最後に、本書は構想の段階から、金星堂の川井義大さんと飯窪晃哉さんから細部にわたるサポートやアドバイスを頂き、完成させることができました。心より感謝申し上げます。

2023 年夏　　著者

著　者

長谷川賢（立命館大学）

加部勇一郎（立命館大学）

陳敏（立命館大学）

表紙デザイン

（株）欧友社

イラスト

川野郁代

🎧 音声ファイル無料ダウンロード

http://www.kinsei-do.co.jp/download/0734

この教科書で 🎧 DL 00 の表示がある箇所の音声は、上記 URL または QR コードにて無料でダウンロードできます。自習用音声としてご活用ください。

▶ PC からのダウンロードをお勧めします。スマートフォンなどでダウンロードされる場合は、**ダウンロード前に「解凍アプリ」をインストール**してください。

▶ URL は、**検索ボックスではなくアドレスバー (URL 表示覧)** に入力してください。

▶ お使いのネットワーク環境によっては、ダウンロードできない場合があります。

💿 **CD 00** 左記の表示がある箇所の音声は、**教室用CD** に収録されています。

目　次

発音編

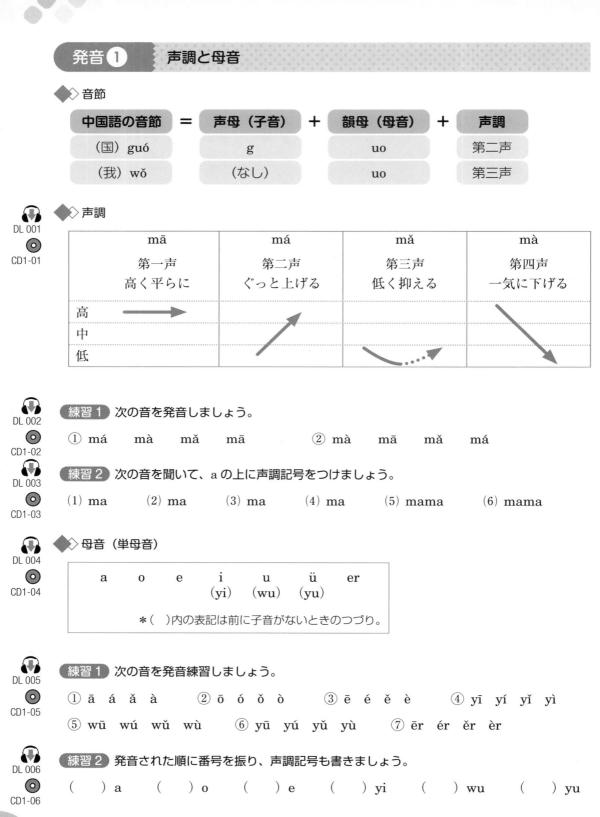

発音 ① 声調と母音

◆ 音節

中国語の音節	=	声母（子音）	+	韻母（母音）	+	声調
（国）guó		g		uo		第二声
（我）wǒ		（なし）		uo		第三声

DL 001
CD1-01

◆ 声調

	mā	má	mǎ	mà
	第一声 高く平らに	第二声 ぐっと上げる	第三声 低く抑える	第四声 一気に下げる
高				
中				
低				

DL 002
CD1-02

練習 1 次の音を発音しましょう。

① má mà mǎ mā　　　② mà mā mǎ má

DL 003
CD1-03

練習 2 次の音を聞いて、a の上に声調記号をつけましょう。

(1) ma　　(2) ma　　(3) ma　　(4) ma　　(5) mama　　(6) mama

DL 004
CD1-04

◆ 母音（単母音）

a　　o　　e　　i　　u　　ü　　er
　　　　　　　（yi）（wu）（yu）

＊（ ）内の表記は前に子音がないときのつづり。

DL 005
CD1-05

練習 1 次の音を発音練習しましょう。

① ā á ǎ à　　② ō ó ǒ ò　　③ ē é ě è　　④ yī yí yǐ yì

⑤ wū wú wǔ wù　　⑥ yū yú yǔ yù　　⑦ ēr ér ěr èr

DL 006
CD1-06

練習 2 発音された順に番号を振り、声調記号も書きましょう。

(　) a　　(　) o　　(　) e　　(　) yi　　(　) wu　　(　) yu

DL 007
CD1-07

◆▷ 母音（複母音）

ai	ei	ao	ou	
ia (ya)	ie (ye)	ua (wa)	uo (wo)	üe (yue)
iao (yao)	iou (you)	uai (wai)	uei (wei)	

＊（ ）内の表記は前に子音がないときのつづり。

DL 008
CD1-08

練習1 次の音を発音しましょう。

① āi ái ǎi ài　　② ēi éi ěi èi　　③ āo áo ǎo ào　　④ ōu óu ǒu òu

⑤ yā yá yǎ yà　　⑥ yē yé yě yè　　⑦ wā wá wǎ wà

⑧ wō wó wǒ wò　　⑨ yuē yué yuě yuè

⑩ yāo yáo yǎo yào　　⑪ yōu yóu yǒu yòu

⑫ wāi wái wǎi wài　　⑬ wēi wéi wěi wèi

DL 009
CD1-09

練習2 発音された順に番号を振り、声調記号も書きましょう。

（　）wo 〈我：わたし〉　　（　）ai 〈愛：愛する〉　　（　）yao 〈要：欲しい〉

（　）ye 〈也：～も〉　　（　）you 〈有：持っている〉　　（　）yue 〈月：月〉

DL 010
CD1-10

練習3 発音してみましょう。

① āyí 〈阿姨：おばさん〉　　② Wǔ-Yī 〈五一：メーデー〉　　③ wàiyǔ 〈外语：外国語〉

④ Wǒ è. 〈我饿。：私は空腹だ。〉　　⑤ Wǒ yào. 〈我要。：私は欲しい。〉

▶ 声調記号のつけ方

1. 基本は母音に。　　　　　　　　è　　bō　　lù

2. a があれば a に。　　　　　　pǎo　　huā

3. a がなければ e か o に。　　děi　　zhuō

4. iu、ui は後ろに。　　　　　　liú　　suì

＊i につける場合は、上の点を取る。

発音編

◆ 子音⑴

DL 011
CD1-11

	無気音	有気音		
唇音	b(o)	p(o)	m(o)	f(o)
舌尖音	d(e)	t(e)	n(e)	l(e)
舌根音	g(e)	k(e)	h(e)	

DL 012
CD1-12

練習1 次の音を発音しましょう。

① bā　pǔ　mèi　fā　　　② dé　tiě　ná　lèi　　　③ gù　kě　huái

④ tōu　tuō　　　⑤ fēi　hēi　　　⑥ lì　lù　lǜ　　　⑦ luò　lüè

DL 013
CD1-13

練習2 次の音を聞いて、子音を（ ）に書き入れましょう。

①（　　）ā〈他：彼〉　　　②（　　）ē〈喝：飲む〉　　　③（　　）uì〈贵：値段が高い〉

④（　　）ēi〈飞：飛ぶ〉　　　⑤（　　）āi〈开：開く〉　　　⑥（　　）ǎo〈跑：走る〉

◆ 子音⑵

DL 014
CD1-14

	無気音	有気音		
舌面音	j(i)	q(i)	x(i)	
そり舌音	zh(i)	ch(i)	sh(i)	r(i)
舌歯音	z(i)	c(i)	s(i)	

DL 015
CD1-15

練習1 次の音を発音しましょう。

① jiā　qiě　xué　　　② zhè　chǔ　shé　rì　　　③ zé　cā　sù

④ jǐ　zì　　　⑤ cì　cù　　　⑥ chū　qū　　　⑦ xiǎo　shǎo　　　⑧ sù　xù

DL 016
CD1-16

練習2 次の音を聞いて、子音を（ ）に書き入れましょう。

①（　　）ū〈猪：ブタ〉　　　②（　　）ué〈学：学ぶ〉　　　③（　　）éi〈谁：だれ〉

④（　　）è〈热：暑い〉　　　⑤（　　）ài〈菜：料理〉　　　⑥（　　）ù〈去：行く〉

> j q x の後の u は ü が書き換えられたもの。
>
> j ＋ ü → ju　　　x ＋ üe → xue

DL 017
CD1-17

 ◆〉鼻母音

an — ang	uan — uang (wan) (wang)
en — eng	uen — ueng (wen) (weng)
in — ing (yin) (ying)	ian — iang (yan) (yang)
üan ün (yuan) (yun)	ong iong (yong)

＊（　）内の表記は前に子音がないときのつづり。

DL 018
CD1-18

練習1 次の音を発音しましょう。

① sān — sāng ② pín — píng ③ yàn — yàng — yòng

④ táng — téng — tóng ⑤ qiān — qiāng — quān

DL 019
CD1-19

練習2 次の音を聞いて、読まれた方に〇をつけましょう。

① （　）shān   shāng（　） ② （　）mén   méng（　）

③ （　）jìn   jìng（　） ④ （　）liǎn   liǎng（　）

⑤ （　）kēng   kōng（　） ⑥ （　）xiǎn   xuǎn（　）

DL 020
CD1-20

練習3 発音して覚えましょう。

① Wǒ chī miàn.〈我吃面。：私は麺を食べる。〉

② Nǐ hē chá.〈你喝茶。：あなたはお茶を飲む。〉

③ Tā mǎi piào.〈她买票。：彼女はチケットを買う。〉

④ Tā chàng gē.〈他唱歌。：彼は歌を歌う。〉

> iou ／ uei ／ uen の音は、前に子音があるとき、
>
> iu ／ ui ／ un と表記する。
>
> j + iou → jiu   sh + uei → shui   l + uen → lun

発音❸ 軽声と声調変化

DL 021

CD1-21

◆◇ 軽声

第一声＋軽声	第二声＋軽声	第三声＋軽声	第四声＋軽声
māma	yéye	nǎinai	bàba

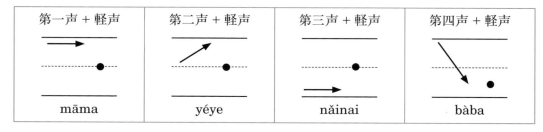

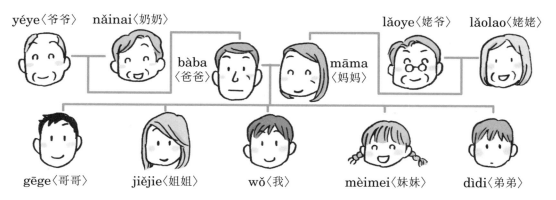

yéye〈爷爷〉　nǎinai〈奶奶〉　bàba〈爸爸〉　māma〈妈妈〉　lǎoye〈姥爷〉　lǎolao〈姥姥〉

gēge〈哥哥〉　jiějie〈姐姐〉　wǒ〈我〉　mèimei〈妹妹〉　dìdi〈弟弟〉

DL 022

CD1-22

練習1 次の音を発音しましょう。

① tóufa〈头发：髪の毛〉　② wèidao〈味道：味〉　③ ěrduo〈耳朵：耳〉

④ yīfu〈衣服：服〉　⑤ xǐhuan〈喜欢：好きである〉　⑥ qiézi〈茄子：ナス〉

DL 023

CD1-23

◆◇ あいさつ言葉

你 好!〈こんにちは〉
Nǐ hǎo!

谢谢!〈ありがとう〉
Xièxie!

不用 谢!〈どういたしまして〉
Búyòng xiè!

对不起!〈ごめんなさい〉
Duìbuqǐ!

没 关系!〈かまいませんよ〉
Méi guānxi!

再 见!〈さようなら〉
Zài jiàn!

DL 024

CD1-24

◆◇ 声調変化

＊"不"の変調

"不"の音はもともと第四声ですが、後ろに第四声が続くと第二声に変わります。

＊ピンインは変調後の声調で記します。

不多 bù duō
〈多くない〉

不来 bù lái
〈来ない〉

不少 bù shǎo
〈少なくない〉

不去 bú qù
〈行かない〉

* "一" の変調

"一" の音は、多く第四声で発音しますが、後ろに第四声が続くと第二声に変わります。

「一番目」の意味で用いられるときは、もとの第一声で発音します。

*ピンインは変調後の声調で記します。

DL 025
CD1-25

一月 **yī** yuè〈一月〉　　　星期一 xīngqī**yī**〈月曜日〉

一天 **yì** tiān〈一日〉　一年 **yì** nián〈一年〉　一百 **yì**bǎi〈百〉　一样 **yí**yàng〈同じである〉

* 第三声 + 第三声→第二声 + 第三声

第三声が連続すると、前の第三声は第二声で読まれます。

*ピンインはもとの声調で記します。

DL 026
CD1-26

你好！Nǐ hǎo!　　　手表 shǒubiǎo　　　我喜欢猫。Wǒ xǐhuan māo.
〈こんにちは〉　　　〈腕時計〉　　　　　〈私はネコが好き〉

◆ 声調の組み合わせ練習

DL 027
CD1-27

	第1声	第2声	第3声	第4声	軽声
第1声	咖啡 kāfēi	香肠 xiāngcháng	酸奶 suānnǎi	鸡肉 jīròu	包子 bāozi
第2声	黄瓜 huángguā	红茶 hóngchá	啤酒 píjiǔ	白菜 báicài	馒头 mántou
第3声	饼干 bǐnggān	草莓 cǎoméi	火腿 huǒtuǐ	炒饭 chǎofàn	饺子 jiǎozi
第4声	蛋糕 dàngāo	面条 miàntiáo	玉米 yùmǐ	大蒜 dàsuàn	豆腐 dòufu

DL 028
CD1-28

◇ 数（0 〜 100）

零	一	二	三	四	五	六	七	八	九	十
líng	yī	èr	sān	sì	wǔ	liù	qī	bā	jiǔ	shí

十一	十二	十三	十四	……	十九	二十
shíyī	shí'èr	shísān	shísì	……	shíjiǔ	èrshí

二十一	二十二	……	九十八	九十九	一百
èrshiyī	èrshi'èr	……	jiǔshibā	jiǔshijiǔ	yìbǎi

＊挟まれた「十」は軽声で読む。

＊隔音記号「'」は、「a／e／o」で始まる音節を、前の音節と区切るときに用いる。

DL 029
CD1-29

練習 1　次の音を発音し、アラビア数字で表しましょう。

① jiǔ 　（　　　）　　　② shíliù 　（　　　）　　　③ sìshi'èr 　（　　　）

④ yìbǎi （　　　）　　　⑤ sānshí 　（　　　）　　　⑥ qīshiwǔ （　　　）

DL 030
CD1-30

練習 2　次の音を中国語で発音し、漢数字で表しましょう。

① 0　（　　　　　　）　　② 14　（　　　　　　）　　③ 100 （　　　　　　　）

④ 58 （　　　　　　）　　⑤ 92 （　　　　　　）　　⑥ 73　（　　　　　　）

DL 031
CD1-31

◇ 名前の聞き方と答え方

您 贵 姓？　　　　　　　　　—我 姓 李。
Nín guì xìng?　　　　　　　—Wǒ xìng Lǐ.

你 叫 什么 名字？　　　　　—我 叫 高木 和也。
Nǐ jiào shénme míngzi?　　—Wǒ jiào Gāomù Héyě.

★自分の名前を中国語でどう発音するか調べて、ピンインで表しましょう。

★隣の人と名前を尋ねあいましょう。

◆〉数を使った表現

DL 032
CD1-32

＊年齢

你 多 大 了？ 　—我 十 八 岁 了。
Nǐ duō dà le? 　—Wǒ shíbā suì le.

★隣の人と年齢を尋ねあいましょう。

DL 033
CD1-33

＊日付

今天 几 月 几 号？ —今天 四 月 二十 号。
Jīntiān jǐ yuè jǐ hào? —Jīntiān sì yuè èrshí hào.

★隣の人と今日の日付を尋ねあいましょう。

DL 034
CD1-34

＊曜日

明天 星期 几？ —明天 星期三。
Míngtiān xīngqī jǐ? —Míngtiān xīngqīsān.

★隣の人と明日の曜日を尋ねあいましょう。

月	星期一	xīngqī yī
火	二	èr
水	三	sān
木	四	sì
金	五	wǔ
土	六	liù
日	星期天	xīngqī tiān

DL 035
CD1-35

＊値段

多少 钱？ —三十 块 钱。
Duōshao qián? —Sānshí kuài qián.

★次の絵を見ながら、隣の人と値段を尋ねあいましょう。

①  25元
②  37元
③  72元

DL 036
CD1-36

＊時刻

现在 几 点？ —现在 两 点 半。
Xiànzài jǐ diǎn? —Xiànzài liǎng diǎn bàn.

★次の絵を見ながら、隣の人と時刻を尋ねあいましょう。

①
②
③

発音編

目標

・名前を言ったり、聞いたりすることができる。
・「私は〜です」に相当する中国語の文型を覚えよう。

DL 037
CD1-37

新出語句

ポイント

- 我 wǒ 代 私
- 是 shì 動 〜だ、〜である
- 学生 xuésheng 名 学生
- 她们 tāmen 代 彼女ら
- 中国人 Zhōngguórén 名 中国人
- 她 tā 代 彼女
- 不 bù 副 〜ではない
- 大学生 dàxuéshēng 名 大学生
- 他们 tāmen 代 彼ら
- 你 nǐ 代 あなた
- 留学生 liúxuéshēng 名 留学生
- 吗 ma 助 〜か
- 他 tā 代 彼
- 老师 lǎoshī 名 先生
- 也 yě 副 〜も
- 日本人 Rìběnrén 名 日本人
- 你们 nǐmen 代 あなたたち
- 都 dōu 副 みんな
- 医生 yīshēng 名 医者

会話

- 你好 nǐ hǎo こんにちは
- 您贵姓 nín guìxìng お名前は?(姓を聞く)
- 姓 xìng 動 〜という姓である、〜を姓とする
- 叫 jiào 動 〜という(フルネームを言う時に使う)
- 李南 Lǐ Nán 李南(人名)
- 名字 míngzi 名 名前
- 你叫什么名字 nǐ jiào shénme míngzi
  あなたの名前はなんですか
- 高木和也 Gāomù Héyě 高木和也(人名)
- 认识你很高兴 rènshi nǐ hěn gāoxìng
  お知り合いになれてうれしいです

講読

- 王静 Wáng Jìng 王静(人名)
- 金东国 Jīn Dōngguó 金東国(キム・ドングク)(人名)
- 韩国人 Hánguórén 名 韓国人
- 我们 wǒmen 代 私たち
- 朋友 péngyou 名 友達

DL 038
CD1-38

1 動詞 "是" の文

A ＋ "是" ＋ B （A は B である）

1. 肯定文： 我 是 学生。　　2. 她们 是 中国人。
　　　　　　Wǒ shì xuésheng.　　　　Tāmen shì Zhōngguórén.

▶ 否定文は、"是" の前に "不" を付ける。

3. 否定文： 她 不 是 大学生。　　4. 他们 不 是 中国人。
　　　　　　Tā bú shì dàxuéshēng.　　　Tāmen bú shì Zhōngguórén.

2 "吗" 疑問文

文末に "吗" を付けると、疑問文になる。

1. 你 是 留学生 吗？ 　—是，我 是 留学生。
   Nǐ shì liúxuéshēng ma?　　Shì, wǒ shì liúxuéshēng.

2. 他 是 老师 吗？ 　—不，他 不 是 老师。
   Tā shì lǎoshī ma?　　Bù, tā bú shì lǎoshī.

3 副詞 "也" と "都"

"也" は 「～も」、"都" は 「みんな」を表す。
副詞はふつう動詞や形容詞の前に置く。

1. 他 也 是 日本人。　　2. 你们 都 是 医生 吗？
   Tā yě shì Rìběnrén.　　Nǐmen dōu shì yīshēng ma?

▶ "也" と "都" を一緒に使う時は "也都"、"也" と "不" を一緒に使う時は "也不" の順。

3. 他们 也 都 是 留学生。
   Tāmen yě dōu shì liúxuéshēng.

4. 他们 也 不 是 留学生。
   Tāmen yě bú shì liúxuéshēng.

15

 会 話

DL 039
CD1-39

大学のキャンパスで、高木さんは李南さんと出会いました。

高木： 你 好！
　　　 Nǐ hǎo!

李南： 你 好！
　　　 Nǐ hǎo!

高木： 你 是 中国人 吗？
　　　 Nǐ shì Zhōngguórén ma?

李南： 是，我 是 中国 留学生。你 也 是 中国人 吗？
　　　 Shì, wǒ shì Zhōngguó liúxuéshēng. Nǐ yě shì Zhōngguórén ma?

高木： 不，我 是 日本人。 您 贵姓？
　　　 Bù, wǒ shì Rìběnrén. Nín guìxìng?

李南： 我 姓 李，叫 李 南。 你 叫 什么 名字？
　　　 Wǒ xìng Lǐ, jiào Lǐ Nán. Nǐ jiào shénme míngzi?

高木： 我 叫 高木 和也。
　　　 Wǒ jiào Gāomù Héyě.

李南： 认识 你 很 高兴！
　　　 Rènshi nǐ hěn gāoxìng!

DL 040
CD1-40

  発音の ポイント 「第三声＋第三声」は「第二声＋第三声」で発音します。

(1) 洗澡	(2) 水果	(3) 雨伞
xǐzǎo	shuǐguǒ	yǔsǎn
〈入浴する〉	〈果物〉	〈傘〉

DL 041
CD1-41

1 音声を聞き取り、言われた順に番号をふりましょう。

( ) 中国人 　　　　　( ) 先生

( ) 日本人 　　　　　( ) 学生

( ) 留学生 　　　　　( ) ～を姓とする

2 下の語句を使って、質問に答えましょう。

A： 你叫什么名字？
　　Nǐ jiào shénme míngzi?

B：..

A： 你是韩国人吗？
　　Nǐ shì Hánguórén ma?

B：..

高木和也	王静	日本人	中国人
Gāomù Héyě	Wáng Jìng	Rìběnrén	Zhōngguórén

DL 042
CD1-42

3 高木さん（男性）と李南さん（女性）の会話を聞いて、質問に答えましょう。

⑴ 高木是日本人吗？

....

⑵ 李南是老师吗？

....

⑶ 他们都是学生吗？

....

17

DL 043

CD1-43

我　姓　高木，叫　高木　和也。　我　是　日本人，是　大学生。
Wǒ xìng Gāomù, jiào Gāomù　Héyě.　Wǒ shì Rìběnrén, shì dàxuéshēng.

她　叫　王　静，是　中国人。　他　叫　金　东国，是　韩国人。
Tā jiào Wáng Jìng, shì Zhōngguórén. Tā jiào Jīn Dōngguó, shì Hánguórén.

他们　都　是　留学生。　我们　是　朋友。
Tāmen dōu shì liúxuéshēng. Wǒmen shì péngyou.

内容理解 ....

講読の内容に関する質問に、中国語で答えましょう。

(1) 高木　是　大学生　吗？
Gāomù shì dàxuéshēng ma?

_____

(2) 王　静　是　留学生　吗？
Wáng Jìng shì liúxuéshēng ma?

_____

練習 ❷

1 次の日本語を中国語に訳しましょう。

(1) 韓国人　　→ .... 　(2) 私たち → ....

(3) 友だち　　→ .... 　(4) 先生　 → ....

(5) あなたたち → .... 　(5) 彼ら　 → ....

2 日本語を参考に、語句を並べ替えましょう。

(1) 彼女は医者ではありません。
【 不 / 她 / 医生 / 是 / 。】
　　bù　　tā　yīshēng　shì　　.

....

(2) 彼は韓国人留学生ですか。
【 是 / 吗 / 韩国 / 他 / 留学生 / ？】
　shì　ma　Hánguó　tā　liúxuéshēng ?

....

(3) 私も日本人です。
【 我 / 日本人 / 也 / 是 / 。】
　wǒ　Rìběnrén　yě　shì　.

....

3 次の日本語を中国語に訳しましょう。

(1) 彼は中国人留学生です。

....

(2) あなたたちはみな友達ですか。

....

(3) 彼女も日本人ではありません。

....

第2課　食事

目標

- 食べる（飲む）ものを尋ねたり伝えたりすることができる。
- 中国語の疑問詞の使い方を覚えよう。

DL 044
CD1-44

新出語句

ポイント

- □ 吃 chī 動 食べる
- □ 面包 miànbāo 名 パン
- □ 去 qù 動 行く
- □ 中国 Zhōngguó 名 中国
- □ 妈妈 māma 名 お母さん
- □ 喝 hē 動 飲む
- □ 咖啡 kāfēi 名 コーヒー
- □ 来 lái 動 来る
- □ 日本 Rìběn 名 日本
- □ 什么 shénme 代 なに
- □ 炒饭 chǎofàn 名 チャーハン
- □ 要 yào 動 ほしい、注文する
- □ 哪个 nǎge 代 どれ
- □ 这个 zhège 代 これ
- □ 超市 chāoshì 名 スーパーマーケット
- □ 呢 ne 助 ～は?
- □ 银行 yínháng 名 銀行

会話

- □ 可乐 kělè 名 コーラ
- □ 咖喱饭 gālífàn 名 カレーライス
- □ 这 zhè 代 これ
- □ 意大利面 Yìdàlìmiàn 名 パスタ

講読

- □ 学 xué 動 学ぶ
- □ 汉语 Hànyǔ 名 中国語
- □ 日语 Rìyǔ 名 日本語
- □ 餐厅 cāntīng 名 レストラン
- □ 和 hé 接 ～と
- □ 沙拉 shālā 名 サラダ
- □ 套餐 tàocān 名 定食、セットメニュー
- □ 菜 cài 名 料理

練習

- □ 红茶 hóngchá 名 紅茶
- □ 牛奶 niúnǎi 名 牛乳
- □ 面条 miàntiáo 名 麺
- □ 苹果 píngguǒ 名 リンゴ

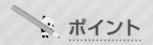

DL 045

CD1-45

第2課

1 指示代名詞

	近称		遠称	疑問
	コ	ソ	ア	ド
単数	这 / 这个 zhè/zhège(zhèige)		那 / 那个 nà/nàge(nèige)	哪 / 哪个 nǎ/nǎge(něige)
複数	这些 zhèxiē(zhèixiē)		那些 nàxiē(nèixiē)	哪些 nǎxiē(něixiē)

▶ "这" "那" "哪" は目的語になれない。

例) ○这个是面包。　○这是面包。　○我吃这个。　×我吃这。
　　○那个是面包。　○那是面包。　○我吃那个。　×我吃那。

2 動詞述語文

中国語の基本の語順は「主語（S）＋動詞（V）＋目的語（O）」。

肯定文：1. 我 吃 面包。　　　　2. 他们 去 中国。
　　　　　Wǒ chī miànbāo.　　　　Tāmen qù Zhōngguó.

否定文：3. 妈妈 不 喝 咖啡。　疑問文：4. 你 来 日本 吗？
　　　　　Māma bù hē kāfēi.　　　　Nǐ lái Rìběn ma?

3 疑問詞疑問文

中国語の疑問詞疑問文は、肯定文と語順が変わらない。

1. 你 吃 什么？ ―我 吃 炒饭。
　 Nǐ chī shénme?　―Wǒ chī chǎofàn.

2. 你们 要 哪个？ ―我们 要 这个。
　 Nǐmen yào nǎge?　―Wǒmen yào zhège.

4 省略疑問文

話の流れから質問内容が分かる場合、"呢" を用いて、分かる部分を省略できる。

1. 我 去 超市，你 呢？ ―我 去 银行。
　 Wǒ qù chāoshì, nǐ ne?　―Wǒ qù yínháng.

 会 話

高木さんと李南さんはレストランで食事をします。

高木： 你 喝 什么？
　　　Nǐ　hē　shénme?

李南： 我 喝 可乐。 你 呢？
　　　Wǒ　hē　kělè.　　Nǐ　ne?

高木： 我 也 喝 可乐。
　　　Wǒ　yě　hē　kělè.

李南： 你 吃 什么？
　　　Nǐ　chī　shénme?

高木： 我 吃 咖喱饭。
　　　Wǒ　chī　gālífàn.

李南： 这 是 什么？
　　　Zhè　shì　shénme?

高木： 这 是 意大利面。
　　　Zhè　shì　Yìdàlìmiàn.

李南： 我 要 这个。
　　　Wǒ　yào　zhège.

 発音の
ポイント

軽声は前の音の声調に応じて、軽く添えるように発音します。

① 妈妈　　② 爷爷　　③ 奶奶　　④ 爸爸
　 māma　　 yéye　　　 nǎinai　　 bàba
　〈母〉　　〈(父方の)祖父〉　〈(父方の)祖母〉　〈父〉

練習 ❶

1 音声を聞き取り、言われた順に番号をふりましょう。

DL 048
CD1-48

( ) 食べる 　　　　　　　( ) パスタ

( ) チャーハン 　　　　　( ) パン

( ) スーパーマーケット 　（) 来る

2 下の語句を使って、質問に答えましょう。

A： 你喝什么？
Nǐ hē shénme?

B： ....

A： 你吃什么？
Nǐ chī shénme?

B： ....

红茶
hóngchá

牛奶
niúnǎi

面条
miàntiáo

苹果
píngguǒ

3 高木さん（男性）と李南さん（女性）の会話を聞いて、質問に答えましょう。

DL 049
CD1-49

(1) 李南喝咖啡吗？

....

(2) 高木喝什么？

....

(3) 他们吃什么？

....

23

高木 是 日本人，他 学 汉语。李 南 是 中国人，她 学 日语。
Gāomù shì Rìběnrén, tā xué Hànyǔ. Lǐ Nán shì Zhōngguórén, tā xué Rìyǔ.

他们 去 餐厅。高木 吃 咖喱饭 和 沙拉。李 南 吃 意大利面
Tāmen qù cāntīng. Gāomù chī gālífàn hé shālā. Lǐ Nán chī Yìdàlìmiàn

套餐。他们 都 喝 可乐。他们 不 吃 中国 菜。
tàocān. Tāmen dōu hē kělè. Tāmen bù chī Zhōngguó cài.

DL 050
CD1-50

内容理解 ··

講読の内容に関する質問に、中国語で答えましょう。

(1) 高木 学 汉语 吗？
　　Gāomù xué Hànyǔ ma?

_____

(2) 李 南 吃 什么？
　　Lǐ Nán chī shénme?

_____

1 次の日本語を中国語に訳しましょう。

(1) ほしい → ....

(2) 日本語 → ....

(3) 中華料理 → ....

(4) 行く → ....

(5) サラダ → ....

(6) 飲む → ....

2 日本語を参考に、語句を並べ替えましょう。

(1) わたしは中国語を勉強していますが、あなたは。

【 你 / 学 / 我 / 呢 / 汉语 / , / ? 】
nǐ　xué　wǒ　ne　Hànyǔ　,　?

....

(2) 私たちはみんなパンを食べます。

【 面包 / 吃 / 都 / 我们 / 。】
miànbāo　chī　dōu　wǒmen　.

....

(3) あなたもスーパーマーケットに行きますか。

【 吗 / 你 / 超市 / 也 / 去 / ? 】
ma　nǐ　chāoshì　yě　qù　?

....

3 次の日本語を中国語に訳しましょう。

(1) 李南は日本に来ません。

....

(2) 私たちはみな中華料理を食べます。

....

(3) あなたはどれがほしいですか。

....

目標

・暑さや寒さについて表現できる。
・形容詞の使い方を覚えよう。

DL 051

CD1-51

新出語句

ポイント

- 很 hěn 〔副〕とても
- 冷 lěng 〔形〕寒い
- 热 rè 〔形〕暑い
- 累 lèi 〔形〕疲れている
- 不太〜 bú tài あまり〜ではない
- 昨天 zuótiān 〔名〕昨日
- 今天 jīntiān 〔名〕今日
- 凉快 liángkuai 〔形〕涼しい
- 学校 xuéxiào 〔名〕学校
- 难 nán 〔形〕難しい
- 的 de 〔助〕〜の
- 书 shū 〔名〕本
- 汽车 qìchē 〔名〕自動車
- 哥哥 gēge 〔名〕兄
- 大学 dàxué 〔名〕大学
- 帽子 màozi 〔名〕帽子

会話

- 天气 tiānqì 〔名〕天気

- 真 zhēn 〔副〕本当に
- 好 hǎo 〔形〕よい
- 是啊 shì a そうですね
- 冰淇淋 bīngqílín 〔名〕アイスクリーム
- 太〜了 tài〜le とても〜だ
- 草莓 cǎoméi 〔名〕イチゴ
- 味道 wèidao 〔名〕味
- 巧克力 qiǎokèlì 〔名〕チョコレート
- 怎么样 zěnmeyàng 〔代〕どうですか
- 好吃 hǎochī 〔形〕おいしい
- 非常 fēicháng 〔副〕非常に

講読

- 气温 qìwēn 〔名〕気温
- 高 gāo 〔形〕高い
- 一起 yìqǐ 〔副〕一緒に
- 种类 zhǒnglèi 〔名〕種類
- 多 duō 〔形〕多い
- 香草 xiāngcǎo 〔名〕バニラ
- 高兴 gāoxìng 〔形〕うれしい

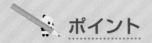 **ポイント**

1 形容詞述語文

DL 052
CD1-52

主語（＋程度副詞）＋形容詞

1. 我 很 冷。
   Wǒ hěn lěng.

2. 我们 不 热。
   Wǒmen bú rè.

3. 你 累 吗? ―我 不 太 累。
   Nǐ lèi ma? 　Wǒ bú tài lèi.

4. 昨天 热，今天 凉快。
   Zuótiān rè, jīntiān liángkuai.

2 反復疑問文

動詞、形容詞などを「肯定形＋否定形」にすると疑問文になる。

1. 你 是 不 是 留学生?
   Nǐ shì bu shì liúxuéshēng?

2. 她 来 不 来 学校?
   Tā lái bu lái xuéxiào?

3. 汉语 难 不 难? ―汉语 很 难。
   Hànyǔ nán bu nán? ―Hànyǔ hěn nán.

3 "的"

"的" は「～の」を表す。

1. 这 是 我 的 书。
   Zhè shì wǒ de shū.

2. 那 是 我们 的 汽车。
   Nà shì wǒmen de qìchē.

▶ 「人称代詞＋親族名称／所属先」の場合は、"的" を省略できる。

3. 这 是 我 哥哥。
   Zhè shì wǒ gēge.

4. 那 是 我们 大学。
   Nà shì wǒmen dàxué.

▶ 文脈で分かる場合、"的" の後ろを省略できる。

5. 这 是 你 的 帽子 吗? ―不 是，这 是 她 的。
   Zhè shì nǐ de màozi ma? ―Bú shì, zhè shì tā de.

会 話

高木さんと李南さんは暑いのでアイスクリーム屋に行きます。

高木: 天气 真 好!
Tiānqì zhēn hǎo!

李南: 是 啊, 真 热! 你 热 不 热?
Shì a, zhēn rè! Nǐ rè bu rè?

高木: 我 很 热。 我们 吃 冰淇淋, 好 吗?
Wǒ hěn rè. Wǒmen chī bīngqílín, hǎo ma?

李南: 太 好 了。 我 吃 草莓 的, 你 吃 什么 味道 的?
Tài hǎo le. Wǒ chī cǎoméi de, nǐ chī shénme wèidao de?

高木: 我 吃 巧克力 的。
Wǒ chī qiǎokèlì de.
......

李南: 巧克力 的 怎么样? 好吃 不 好吃?
Qiǎokèlì de zěnmeyàng? Hǎochī bu hǎochī?

高木: 非常 好吃! 草莓 的 呢?
Fēicháng hǎochī! Cǎoméi de ne?

李南: 草莓 的 也 很 好吃。
Cǎoméi de yě hěn hǎochī.

"不" bù の音は、後ろの音が第四声のとき、第二声に変わります。

不+1 不 吃 bù chī

不+2 不 来 bù lái   不+4 不 是 bú shì

不+3 不 好 bù hǎo

1 音声を聞き取り、言われた順に番号をふりましょう。

DL 055
CD1-55

( ) 暑い　　　　　　　( ) 味

( ) 天気　　　　　　　( ) おいしい

( ) よい　　　　　　　( ) どうですか

2 下の語句を使って、質問に答えましょう。

A： 天气怎么样？
　　Tiānqì zěnmeyàng?

B： ....

A： 你吃什么味道的冰淇淋？
　　Nǐ chī shénme wèidao de bīngqílín?

B： ....

很 热	很 冷	巧克力	草莓
hěn rè	hěn lěng	qiǎokèlì	cǎoméi

3 高木さん（男性）と李南さん（女性）の会話を聞いて、質問に答えましょう。

DL 056
CD1-56

(1) 天气热不热？

....

(2) 高木吃什么？

....

(3) 味道怎么样？

....

DL 057

CD1-57

今天 的 天气 很 好，气温 也 很 高。李 南 和 高木 一起
Jīntiān de tiānqì hěn hǎo, qìwēn yě hěn gāo. Lǐ Nán hé Gāomù yìqǐ

吃 冰淇淋。 冰淇淋 的 种类 很 多，草莓 的、巧克力 的、香草
chī bīngqílín. Bīngqílín de zhǒnglèi hěn duō, cǎoméi de、 qiǎokèlì de、xiāngcǎo

的， 味道 都 很 好。他们 都 非常 高兴。
de, wèidao dōu hěn hǎo. Tāmen dōu fēicháng gāoxìng.

内容理解 ··

講読の内容に関する質問に、中国語で答えましょう。

(1) 今天 的 气温 高 不 高？
　　Jīntiān de qìwēn gāo bu gāo?

_____

(2) 冰淇淋 的 种类 多 不 多？
　　Bīngqílín de zhǒnglèi duō bu duō?

_____

練習 ❷

1 次の日本語を中国語に訳しましょう。

(1) うれしい → ....   (2) 難しい → ....

(3) 自動車 → ....   (4) 疲れている → ....

(5) 本 → ....   (6) 寒い → ....

2 日本語を参考に、語句を並べ替えましょう。

(1) 今日は本当に暑い。

【 热 / 今天 / 真 / 。】
rè　jīntiān zhēn　.

(2) アイスクリームの種類は多くない。

【 种类 / 多 / 冰淇淋 / 的 / 不 / 。】
zhǒnglèi　duō　bīngqílín　de　bù　.

(3) これはあなたの帽子ですか。

【 不 / 你 / 帽子 / 的 / 这 / 是 / 是 / ？】
bù　nǐ　màozi　de　zhè　shì　shì　？

3 次の日本語を中国語に訳しましょう。

(1) 味はどうですか。

(2) イチゴのはおいしいが、バニラのはおいしくない。

(3) あれはあなたのお兄さんのですか。（反復疑問文で）

家族紹介

目標

・家族の年齢や兄弟の人数について表現できる。

・中国語での数の数え方を覚えよう。

DL 058

CD1-58

新出語句

ポイント

- 两 liǎng 数 2（数量を表す）
- 个 ge 量 ～個（人や物を数える）
- 本 běn 量 ～冊
- 爸爸 bàba 名 お父さん
- 有 yǒu 動 持つ、ある、いる
- 台 tái 量 ～台
- 电脑 diànnǎo 名 パソコン
- 人 rén 名 人
- 几 jǐ 代 いくつ
- 把 bǎ 量 ～本（取っ手のあるものを数える）
- 雨伞 yǔsǎn 名 傘
- 枝 zhī 量 ～本（棒状のものを数える）
- 笔 bǐ 名 ペン
- 多少 duōshao 代 どのくらい
- 百 bǎi 数 百
- 比 bǐ 介 ～より
- 姐姐 jiějie 名 姉
- 大 dà 形 年上である
- 岁 suì 量 ～歳
- 没有 méiyou 動 ～ほど…でない　持っていない、ない、いない

会話

- 兄弟姐妹 xiōngdì jiěmèi 兄弟
- 妹妹 mèimei 名 妹
- 羡慕 xiànmù 動 うらやむ
- 多大 duō dà 何歳か？（→発音編 p.13 参照）
- 小 xiǎo 形 年下である
- 今年 jīnnián 名 今年
- 照片 zhàopiàn 名 写真
- 看 kàn 動 見る
- 哎呀 āiyā 感 驚きなどを表す
- 可爱 kě'ài 形 かわいい

講読

- 山田 Shāntián 山田（人名）
- 弟弟 dìdi 名 弟
- 年级 niánjí 名 学年、～年生
- 高中生 gāozhōngshēng 名 高校生
- 关系 guānxi 名 関係
- 独生女 dúshēngnǚ 名 一人娘

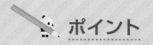

ポイント

DL 059

CD1-59

1 量詞

数＋量詞＋名詞

1. 两 个 面包
   liǎng ge miànbāo

2. 三 本 书
   sān běn shū

3. 我 爸爸 有 两 台 电脑。
   Wǒ bàba yǒu liǎng tái diànnǎo.

▶ 「"这（那）"＋量詞＋名詞」で「この（あの）〜」。

4. 这个 人
   zhège rén

5. 那 本 书
   nà běn shū

2 数をたずねる疑問文

"几"＋量詞＋名詞

▶ "几"は10までの数を尋ねる場合に使う。

1. 你 有 几 把 雨伞？ ―我 有 两 把 雨伞。
   Nǐ yǒu jǐ bǎ yǔsǎn? ―Wǒ yǒu liǎng bǎ yǔsǎn.

2. 你 有 几 枝 笔？ ―我 有 三 枝 笔。
   Nǐ yǒu jǐ zhī bǐ? ―Wǒ yǒu sān zhī bǐ.

"多少"（＋量詞）＋名詞

3. 老师 有 多少 书？ ―我 有 一百 本 书。
   Lǎoshī yǒu duōshao shū? ―Wǒ yǒu yìbǎi běn shū.

3 比較文

A＋"比"＋B＋形容詞（＋差）（AはBより〜だ）

1. 这个 炒饭 比 那个 炒饭 好吃。
   Zhège chǎofàn bǐ nàge chǎofàn hǎochī.

2. 我 姐姐 比 我 大 三 岁。
   Wǒ jiějie bǐ wǒ dà sān suì.

A＋"没有"＋B＋形容詞（AはBほど〜でない）

3. 今天 没有 昨天 冷。
   Jīntiān méiyou zuótiān lěng.

 会　話

DL 060

CD1-60

高木さんと李南さんは兄弟について話をしています。

高木： 你 有 兄弟 姐妹 吗？
Nǐ　yǒu　xiōngdì　jiěmèi　ma?

李南： 没有。你 呢？
Méiyou.　Nǐ　ne?

高木： 我 有 一 个 妹妹。
Wǒ　yǒu　yí　ge　mèimei.

李南： 真 羡慕 你！ 你 妹妹 多 大？
Zhēn xiànmù　nǐ!　Nǐ　mèimei　duō　dà?

高木： 她 比 我 小 八 岁，今年 十 岁。
Tā　bǐ　wǒ　xiǎo　bā　suì,　jīnnián　shí　suì.

李南： 你 有 她 的 照片 吗？
Nǐ　yǒu　tā　de　zhàopiàn　ma?

高木： 有，你 看，这 是 我 妹妹。
Yǒu,　nǐ　kàn,　zhè　shì　wǒ　mèimei.

李南： 哎呀，她 太 可爱 了。
Āiyā,　tā　tài　kě'ài　le.

DL 061

CD1-61

  無気音と有気音の区別に注意しましょう。

(1) 爸 bà — 怕 pà
〈恐れる〉

(2) 鸡 jī — 七 qī
〈ニワトリ〉

(3) 在 zài — 菜 cài
〈～にある〉

34

練習 ❶

DL 062
CD1-62

1 音声を聞き取り、言われた順に番号をふりましょう。

（　　）かわいい　　　　　　（　　）写真

（　　）兄弟　　　　　　　　（　　）姉

（　　）今年　　　　　　　　（　　）妹

2 下の語句を使って、質問に答えましょう。

A： 你有几个兄弟姐妹？
　　Nǐ yǒu jǐ ge xiōngdì jiěmèi?

B： ....

A： 他（她）多大？
　　Tā(Tā) duō dà?

B： ....

　　一个妹妹
　　yí ge mèimei

　　一个弟弟
　　yí ge dìdi

　　九岁
　　jiǔ suì

　　十五岁
　　shíwǔ suì

DL 063
CD1-63

3 高木さん（男性）と李南さん（女性）の会話を聞いて、質問に答えましょう。

(1) 高木有兄弟姐妹吗？

....

(2) 李南有兄弟姐妹吗？

....

(3) 妹妹多大？

....

DL 064
CD1-64

山田 有 一 个 哥哥、一 个 弟弟。他 哥哥 今年 二十一 岁，
Shāntián yǒu yí ge gēge、 yí ge dìdi. Tā gēge jīnnián èrshiyī suì,

是 大学 三 年级 的 学生。弟弟 比 他 小 两 岁，今年 十六 岁，
shì dàxué sān niánjí de xuésheng. Dìdi bǐ tā xiǎo liǎng suì, jīnnián shíliù suì,

是 高中生。 他们 的 关系 很 好。 李 南 没有 兄弟 姐妹，是
shì gāozhōngshēng. Tāmen de guānxi hěn hǎo. Lǐ Nán méiyou xiōngdì jiěmèi, shì

独生女。 她 很 羡慕 山田。
dúshēngnǚ. Tā hěn xiànmù Shāntián.

内容理解 ....

講読の内容に関する質問に、中国語で答えましょう。

(1) 山田 有 几 个 兄弟 姐妹？
　　Shāntián yǒu jǐ ge xiōngdì jiěmèi?

_____

(2) 山田 多 大？
　　Shāntián duō dà?

_____

1 次の日本語を中国語に訳しましょう。

(1) 傘　　　→ ....　(2) お父さん → ....

(3) うらやむ → ....　(4) ペン　　→ ....

(5) 高校生　→ ....　(6) パソコン → ....

第4課

2 日本語を参考に、語句を並べ替えましょう。

(1) 私はこの本が欲しいです。
【 这 / 要 / 书 / 我 / 本 / 。】
　zhè　yào　shū　wǒ　běn　.

....

(2) 彼女には弟が二人います。
【 两 / 有 / 弟弟 / 她 / 个 / 。】
　liǎng　yǒu　dìdi　tā　ge　.

....

(3) 私の父は私ほど背が高くない。
【 没有 / 爸爸 / 高 / 我 / 我 / 。】
　méiyou　bàba　gāo　wǒ　wǒ　.

....

3 次の日本語を中国語に訳しましょう。

(1) あなたはリンゴをいくつ持っていますか。

....

(2) 彼には兄と妹がいます。

....

(3) 私の兄は私より五歳年上です。

....

目標

・どこに何があるか、何がどこにあるかを表現できる。
・"有"と"在"の使い方を覚えよう。

DL 065

CD1-65

新出語句

ポイント

- 椅子 yǐzi ［名］椅子
- 下边（儿） xiàbian(r) ［名］下
- 食堂 shítáng ［名］食堂
- 对面（儿） duìmiàn(r) ［名］真向い、向かい側
- 桌子 zhuōzi ［名］テーブル
- 上 shang ［名］～の上
- 里 li ［名］～の中
- 家 jiā ［名］家 ［量］～軒（商店や企業を数える）
- 在 zài ［動］～にある、～にいる
- 东京 Dōngjīng ［名］東京
- 房间 fángjiān ［名］部屋
- 咖啡馆 kāfēiguǎn ［名］カフェ、喫茶店
- 公园 gōngyuán ［名］公園
- 洗手间 xǐshǒujiān ［名］トイレ
- 走 zǒu ［動］行く、出発する
- 吧 ba ［助］～しましょう、～でしょう

会話

- 书店 shūdiàn ［名］書店
- 旁边（儿） pángbiān(r) ［名］そば

- 哪儿 nǎr ［代］どこ
- 图书馆 túshūguǎn ［名］図書館
- 星巴克 Xīngbākè ［名］スターバックスコーヒー
- 校门 xiàomén ［名］校門
- 左边（儿） zuǒbian(r) ［名］左
- 下午 xiàwǔ ［名］午後
- 咱们 zánmen ［代］（聞き手を含む）私たち
- 好啊 hǎo a いいですよ

講読

- 大 dà ［形］大きい
- 体育馆 tǐyùguǎn ［名］体育館
- 里边（儿） lǐbian(r) ［名］中、内部
- 操场 cāochǎng ［名］運動場、グラウンド
- 还 hái ［副］さらに
- 公交车站 gōngjiāochēzhàn ［名］バス停
- 校园 xiàoyuán ［名］キャンパス
- 方便 fāngbiàn ［形］便利である

練習

- 京都 Jīngdū ［名］京都
- 大阪 Dàbǎn ［名］大阪

ポイント

1 方位詞

DL 066
CD1-66

1. 椅子 下边儿
   yǐzi xiàbianr

2. 食堂 对面儿
   shítáng duìmiànr

▶ 「〜の上」「〜の中」は、しばしば"上"、"里"を用いる。

3. 桌子上
   zhuōzishang

4. 大学里
   dàxuéli

〈様々な方位詞〉

上边（儿） shàngbian(r)	下边（儿） xiàbian(r)	前边（儿） qiánbian(r)	后边（儿） hòubian(r)	里边（儿） lǐbian(r)
外边（儿） wàibian(r)	右边（儿） yòubian(r)	左边（儿） zuǒbian(r)	旁边（儿） pángbiān(r)	对面（儿） duìmiàn(r)

2 所在と存在を表す表現

「〜は…にある（いる）」　ヒト・モノ＋"在"＋場所

1. 银行 在 超市 对面儿。
   Yínháng zài chāoshì duìmiànr.

2. 我 家 在 东京。
   Wǒ jiā zài Dōngjīng.

3. 他 不 在 房间里。
   Tā bú zài fángjiānli.

「〜に…がある（いる）」　場所＋"有"＋ヒト・モノ

4. 大学里 有 一 个 咖啡馆。
   Dàxuéli yǒu yí ge kāfēiguǎn.

5. 这个 公园里 没有 洗手间。
   Zhège gōngyuánli méiyou xǐshǒujiān.

3 語気助詞 "吧"

"吧"には、提案、軽い命令、推測などの意味がある。

1. 我们 走 吧。【提案】
   Wǒmen zǒu ba.

2. 你 来 公园 吧。【軽い命令】
   Nǐ lái gōngyuán ba.

3. 她 是 中国 留学生 吧？【推測】
   Tā shì Zhōngguó liúxuéshēng ba?

会 話

李南さんと高木さんは大学のキャンパスについて話をしています。

DL 067
CD1-67

李南： 大学里 有 书店 吗?
Dàxuéli yǒu shūdiàn ma?

高木： 有。食堂 旁边儿 有 一 个。
Yǒu. Shítáng pángbiānr yǒu yí ge.

李南： 食堂 在 哪儿?
Shítáng zài nǎr?

高木： 在 图书馆 对面儿。
Zài túshūguǎn duìmiànr.

李南： 大学里 有 几 个 咖啡馆?
Dàxuéli yǒu jǐ ge kāfēiguǎn?

高木： 两 个，星巴克 在 校门 左边儿。
Liǎng ge, Xīngbākè zài xiàomén zuǒbianr.

李南： 我 下午 去 星巴克。咱们 一起 去 吧!
Wǒ xiàwǔ qù Xīngbākè. Zánmen yìqǐ qù ba!

高木： 好 啊!
Hǎo a!

DL 068
CD1-68

発音の
ポイント

"一" yī の声調は、意味や後ろの音の声調によって変わります。

一 yī 　一月一号 yī yuè yī hào 　　　　星期一 xīngqīyī
一 yì 　一家 yì jiā 　　一台 yì tái 　　一本 yì běn
一 yí 　一万 yí wàn 　　一个 yí ge

練習 ❶

DL 069
CD1-69

1 音声を聞き取り、言われた順に番号をふりましょう。

( ) 図書館　　　　　　　　( ) 午後

( ) 左　　　　　　　　　　( ) トイレ

( ) カフェ、喫茶店　　　　( ) 公園

2 下の語句を使って、質問に答えましょう。

A： 你们大学在哪儿？
Nǐmen dàxué zài nǎr?

B：

A： 大学里有什么？
Dàxuéli yǒu shénme?

B：

京都	大阪	书店	食堂
Jīngdū	Dàbǎn	shūdiàn	shítáng

DL 070
CD1-70

3 高木さん（男性）と李南さん（女性）の会話を聞いて、質問に答えましょう。

(1) 学校里有书店吗？

(2) 书店在哪儿？

(3) 他们去哪儿？

DL 071

CD1-71

这 是 我们 大学。 校门 旁边 有 一 个 很 大 的 体育馆，
Zhè shì wǒmen dàxué. Xiàomén pángbiān yǒu yí ge hěn dà de tǐyùguǎn,

里边 有 一 家 咖啡馆。 学校里 有 一 个 大 操场、 两 个
lǐbian yǒu yì jiā kāfēiguǎn. Xuéxiàoli yǒu yí ge dà cāochǎng、 liǎng ge

图书馆、 三 个 食堂， 还 有 一 个 书店。 公交车站 在
túshūguǎn、 sān ge shítáng, hái yǒu yí ge shūdiàn. Gōngjiāochēzhàn zài

校园里， 非常 方便。
xiàoyuánli, fēicháng fāngbiàn.

内容理解 ••

講読の内容に関する質問に、中国語で答えましょう。

(1) 学校里 有 几 个 食堂？
Xuéxiàoli yǒu jǐ ge shítáng?

_____

(2) 公交车站 在 哪儿？
Gōngjiāochēzhàn zài nǎr?

_____

1 次の日本語を中国語に訳しましょう。

(1) 部屋　　　→ _____　　(2) テーブル　　　→ _____

(3) バス停　　→ _____　　(4) 行く、出発する → _____

(5) 便利である → _____　　(6) グラウンド　　→ _____

2 日本語を参考に、語句を並べ替えましょう。

(1) 書店の中にトイレはありますか。
【 吗 / 有 / 里 / 洗手间 / 书店 / ? 】
　ma　yǒu　li　xǐshǒujiān　shūdiàn　?

_____

(2) 公園は大学の裏にあります。
【 后边儿 / 公园 / 大学 / 在 / 。】
　hòubianr　gōngyuán　dàxué　zài　.

_____

(3) キャンパスにはカフェが四つあります。
【 个 / 四 / 有 / 咖啡馆 / 里 / 校园 / 。】
　ge　sì　yǒu　kāfēiguǎn　li　xiàoyuán　.

_____

3 次の日本語を中国語に訳しましょう。

(1) 図書館はグラウンドのそばにあります。

_____

(2) 部屋には何人いますか。

_____

(3) 私たちは一緒に食堂へ行きましょう。

_____

目標

- 希望や動作を行なう場所を表現できる。
- 介詞や助動詞の使い方を覚えよう。

DL 072
CD1-72

新出語句

ポイント

- □ 在 zài 　介 ～で
- □ 便利店 biànlìdiàn 　名 コンビニエンスストア
- □ 打工 dǎ//gōng 　動 アルバイトをする
- □ 吃饭 chī//fàn 　動 食事をする
- □ 这儿 zhèr 　代 ここ、そこ
- □ 踢 tī 　動 ける
- □ 足球 zúqiú 　名 サッカー
- □ 想 xiǎng 　助動 ～したい
- □ 睡觉 shuì//jiào 　動 眠る
- □ 美国 Měiguó 　名 アメリカ
- □ 看 kàn 　動 読む
- □ 回家 huí//jiā 　動 家に帰る

会話

- □ 现在 xiànzài 　名 今
- □ 对 duì 　形 正しい、そうだ
- □ 那 nà 　代 あれ、それ
　　　　　 接 それでは
- □ 工资 gōngzī 　名 給料
- □ 钱 qián 　名 お金
- □ 车站 chēzhàn 　名 駅
- □ 附近 fùjìn 　名 近所、付近
- □ 小时 xiǎoshí 　名 時間
- □ 千 qiān 　数 千

- □ 日元 Rìyuán 　名 日本円
- □ 星期几 xīngqī jǐ 　何曜日
- □ 工作 gōngzuò 　名 仕事
- □ 星期六 xīngqīliù 　名 土曜日
- □ 星期天 xīngqītiān 　名 日曜日
- □ 赚钱 zhuàn//qián 　動 お金をかせぐ
- □ 店 diàn 　名 店
- □ 需要 xūyào 　動 必要である

講読

- □ 旅游 lǚyóu 　名 旅行
- □ 纪念品 jìniànpǐn 　名 記念品、お土産
- □ 商店 shāngdiàn 　名 商店
- □ 清水寺 Qīngshuǐsì 　名 清水寺
- □ 一般 yìbān 　形 一般的に、普通
- □ 周末 zhōumò 　名 週末
- □ 那儿 nàr 　代 あそこ、そこ
- □ 还 hái 　副 まあまあ
- □ 不错 búcuò 　形 なかなかよい
- □ 外国 wàiguó 　名 外国
- □ 客人 kèrén 　名 客
- □ 忙 máng 　形 忙しい

練習

- □ 星期三 xīngqīsān 　名 水曜日

44

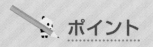

ポイント

1 場所を表す指示代名詞

近称		遠称	疑問
コ	ソ	ア	ド
这儿 / 这里		那儿 / 那里	哪儿 / 哪里
zhèr/zhèli		nàr/nàli	nǎr/nǎli

2 介詞 "在"

介詞 "在" ＋場所＋動詞 「～で…する」

1. 我 在 便利店 打工。
   Wǒ zài biànlìdiàn dǎgōng.

2. 他们 在 食堂 吃饭。
   Tāmen zài shítáng chīfàn.

3. 我们 在 这儿 踢 足球 吧。
   Wǒmen zài zhèr tī zúqiú ba.

3 助動詞 "想"

助動詞 "想" ＋動詞 「～したい」

1. 我 想 睡觉。
   Wǒ xiǎng shuìjiào.

2. 我 想 去 美国。
   Wǒ xiǎng qù Měiguó.

3. 他 想 在 图书馆 看 书。
   Tā xiǎng zài túshūguǎn kàn shū.

否定 "不" ＋ "想" ＋動詞

4. 我 不 想 回家。
   Wǒ bù xiǎng huíjiā.

 会 話

DL 074
CD1-74

李南さんと高木さんはアルバイトについて話をしています。

李南： 你 现在 打工 吗？
Nǐ xiànzài dǎgōng ma?

高木： 对，我 在 一 家 餐厅 打工。
Duì, wǒ zài yì jiā cāntīng dǎgōng.

李南： 那 家 餐厅 在 哪儿？ 工资 多少 钱？
Nà jiā cāntīng zài nǎr? Gōngzī duōshao qián?

高木： 在 车站 附近。 一 个 小时 一千二百 日元。
Zài chēzhàn fùjìn. Yí ge xiǎoshí yìqiān èrbǎi Rìyuán.

李南： 你 星期几 打工？ 你 的 工作 累 不 累？
Nǐ xīngqī jǐ dǎgōng? Nǐ de gōngzuò lèi bu lèi?

高木： 星期六 和 星期天。 我 的 工作 不 太 累。
Xīngqīliù hé xīngqītiān. Wǒ de gōngzuò bú tài lèi.

李南： 我 也 想 打工。 我 想 赚钱。
Wǒ yě xiǎng dǎgōng. Wǒ xiǎng zhuànqián.

高木： 那 你 也 来 我们 店 吧。 我们 店 现在 需要 人。
Nà nǐ yě lái wǒmen diàn ba. Wǒmen diàn xiànzài xūyào rén.

DL 075
CD1-75

 「儿」(er/-r) のついた音を練習しましょう。

(1) 这儿 zhèr　　(2) 旁边儿 pángbiānr　　(3) 对面儿 duìmiànr

46

練習 ❶

1 音声を聞き取り、言われた順に番号をふりましょう。

DL 076
CD1-76

(　) 日曜日 　 　 　 　 (　) 正しい、そうだ

(　) 駅 　 　 　 　 　 　 (　) 給料

(　) 日本円 　 　 　 　 (　) コンビニエンスストア

2 下の語句を使って、質問に答えましょう。

A： 你在哪儿打工?
　　 Nǐ zài nǎr dǎgōng?

B： ....

A： 你星期几打工?
　　 Nǐ xīngqī jǐ dǎgōng?

B： ....

咖啡馆　　　　　　便利店　　　　　　星期三　　　　　　星期天
kāfēiguǎn　　　　biànlìdiàn　　　　xīngqīsān　　　　xīngqītiān

3 高木さん(男性)と李南さん(女性)の会話を聞いて、質問に答えましょう。

DL 077
CD1-77

(1) 李南在哪儿打工?

....

(2) 李南的工资一个小时多少钱?

....

(3) 李南的工资高吗?

....

DL 078
CD1-78

王　静　在　一　家　旅游　纪念品　商店　打工。那　家　商店　在
Wáng Jìng zài yì jiā lǚyóu jìniànpǐn shāngdiàn dǎgōng. Nà jiā shāngdiàn zài

京都　清水寺　的　附近。她　一般　周末　在　那儿　打工，工资　还
Jīngdū Qīngshuǐsì de fùjìn. Tā yìbān zhōumò zài nàr dǎgōng, gōngzī hái

不错，一　个　小时　一千一百　日元。周末　有　很　多　外国　客人，
búcuò, yí ge xiǎoshí yìqiān yìbǎi Rìyuán. Zhōumò yǒu hěn duō wàiguó kèrén,

她　的　工作　很　忙。
tā de gōngzuò hěn máng.

内容理解

講読の内容に関する質問に、中国語で答えましょう。

(1) 王　静　在　哪儿　打工?
　　Wáng Jìng zài nǎr dǎgōng?

_____

(2) 王　静　的　工作　忙　不　忙?
　　Wáng Jìng de gōngzuò máng bu máng?

_____

1 次の日本語を中国語に訳しましょう。

(1) 仕事　　　　→ ....

(2) サッカーをする → ....

(3) 家に帰る　　→ ....

(4) 眠る　　　　　→ ....

(5) お金をかせぐ → ....

(6) 〜したい　　　→ ....

2 日本語を参考に、語句を並べ替えましょう。

(1) 私はコンビニでアルバイトをしています。

【 便利店 / 打工 / 我 / 在 / 。】
　biànlìdiàn dǎgōng wǒ zài ．

....

(2) 私たちはこのお店でお土産を買いましょう。

【 纪念品 / 这 / 在 / 吧 / 商店 / 买 / 家 / 我们 / 。】
　jìniànpǐn zhè zài ba shāngdiàn mǎi jiā wǒmen ．

....

(3) あなたは何曜日にここへ来ますか。

【 几 / 来 / 星期 / 你 / 这儿 / ？】
　jǐ lái xīngqī nǐ zhèr ？

....

3 次の日本語を中国語に訳しましょう。

(1) 私はカフェで勉強したい。

....

(2) あなたもアメリカへ行きたいですか。

....

(3) 私たちは駅の近くで食事しましょう。

....

第6課

目標

・交通手段や所要時間を伝えることができる。
・時点と時量の使い方を覚えよう。

DL 079
CD1-79

新出語句

ポイント

- □ 每天 měi tiān　毎日
- □ 晚上 wǎnshang　名 夜、晩
- □ 学习 xuéxí　動 勉強する
- □ 弹 tán　動 弾く
- □ 分钟 fēnzhōng　量 〜分間
- □ 钢琴 gāngqín　名 ピアノ
- □ 从 cóng　介 〜から
- □ 到 dào　介 〜まで
- □ 要 yào　動 かかる
　　　　　助動 〜しなければならない
- □ 半 bàn　数 半分を表す
- □ 离 lí　介 〜から、〜まで
- □ 近 jìn　形 近い
- □ 爷爷 yéye　名 （父方の）おじいさん
- □ 明天 míngtiān　名 明日
- □ 医院 yīyuàn　名 病院
- □ 等 děng　動 待つ

会話

- □ 远 yuǎn　形 遠い
- □ 怎么 zěnme　代 どのように

- □ 走路 zǒu//lù　動 （道を）歩く
- □ 走 zǒu　動 歩く
- □ 多长 duō cháng　どのくらいの長さ
- □ 时间 shíjiān　名 時間
- □ 大约 dàyuē　副 だいたい

講読

- □ 点 diǎn　量 〜時
- □ 起床 qǐ//chuáng　動 起きる
- □ 出门 chū//mén　動 外出する、出かける
- □ 先 xiān　副 まず
- □ 骑 qí　動 （またいで）乗る
- □ 自行车 zìxíngchē　名 自転車
- □ 然后 ránhòu　接 それから
- □ 换 huàn　動 換える
- □ 电车 diànchē　名 電車
- □ 下车 xià//chē　動 車を降りる、降車する
- □ 以后 yǐhòu　名 〜の後
- □ 坐 zuò　動 乗る
- □ 公交车 gōngjiāochē　名 路線バス
- □ 一共 yígòng　副 全部で
- □ 左右 zuǒyòu　名 〜くらい

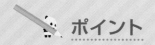

1 時点と時量

DL 080
CD1-80

時点（いつ）は動詞の前、時量（どのくらい）は動詞の後ろに置く。

1. 我 每 天 晚上 学习 两 个 小时 汉语。
   Wǒ měi tiān wǎnshang xuéxí liǎng ge xiǎoshí Hànyǔ.

2. 我 姐姐 每 天 弹 三十 分钟 钢琴。
   Wǒ jiějie měi tiān tán sānshí fēnzhōng gāngqín.

2 介詞 "从" "到" "离"

"从" ＋ A ＋ "到" ＋ B～ 「AからBまで～」

1. 从 我 家 到 学校 要 一 个 半 小时。
   Cóng wǒ jiā dào xuéxiào yào yí ge bàn xiǎoshí.

A ＋ "离" ＋ B～ 「AはBから（まで）～」

2. 洗手间 离 这儿 很 近。
   Xǐshǒujiān lí zhèr hěn jìn.

3 助動詞 "要"

助動詞 "要" ＋動詞 「～しなければならない」

1. 我 爷爷 明天 要 去 医院。
   Wǒ yéye míngtiān yào qù yīyuàn.

2. 我 要 在 车站 等 他。
   Wǒ yào zài chēzhàn děng tā.

DL 081

CD1-81

高木さんと李南さんは自宅の場所について話をしています。

高木： 你 家 在 哪儿?
Nǐ jiā zài nǎr?

李南： 我 家 在 京都。
Wǒ jiā zài Jīngdū.

高木： 你 家 离 车站 近 吗?
Nǐ jiā lí chēzhàn jìn ma?

李南： 不 近, 离 车站 很 远。
Bú jìn, lí chēzhàn hěn yuǎn.

高木： 你 每 天 怎么 去 车站?
Nǐ měi tiān zěnme qù chēzhàn?

李南： 我 走路, 要 走 二十 分钟。
Wǒ zǒulù, yào zǒu èrshí fēnzhōng.

高木： 从 你 家 到 学校 要 多 长 时间?
Cóng nǐ jiā dào xuéxiào yào duō cháng shíjiān?

李南： 大约 一 个 小时 二十 分钟。
Dàyuē yí ge xiǎoshí èrshí fēnzhōng.

DL 082

CD1-82

  そり舌音に注意しながら発音しましょう。

(1) 将 jiāng ― 张 zhāng   (2) 期 qī ― 吃 chī

(3) 小 xiǎo ― 少 shǎo   (4) 乐 lè ― 热 rè

練習 ❶

1 音声を聞き取り、言われた順に番号をふりましょう。

DL 083
CD1-83

( ) 近い （　　　） おじいさん

( ) どのように （　　　） 毎日

( ) 歩く （　　　） 時間

2 下の語句を使って、質問に答えましょう。

A： 你每天怎么去车站？
　　Nǐ měi tiān zěnme qù chēzhàn?

B： ....

A： 从你家到学校要多长时间？
　　Cóng nǐ jiā dào xuéxiào yào duō cháng shíjiān?

B： ....

走路　　　　　　骑自行车　　　　　十分钟　　　　　一个小时
zǒulù　　　　　qí zìxíngchē　　　shí fēnzhōng　　yí ge xiǎoshí

▶ 骑自行车 → 講読単語参照。

3 高木さん（男性）と李南さん（女性）の会話を聞いて、質問に答えましょう。

DL 084
CD1-84

(1) 李南家离学校远吗？

....

(2) 李南每天怎么来学校？

....

(3) 从李南家到学校要多长时间？

....

DL 085

CD1-85

高木 的 家 在 大阪。 他 家 离 学校 很 远。 他 每 天
Gāomù de jiā zài Dàbǎn. Tā jiā lí xuéxiào hěn yuǎn. Tā měi tiān

六 点 起床， 七 点 出门。 他 先 骑 自行车， 然后 在 车站
liù diǎn qǐchuáng, qī diǎn chūmén. Tā xiān qí zìxíngchē, ránhòu zài chēzhàn

换 电车。 下车 以后， 还 要 坐 十 分钟 公交车。 从 他 家
huàn diànchē. Xiàchē yǐhòu, hái yào zuò shí fēnzhōng gōngjiāochē. Cóng tā jiā

到 学校 一共 要 一 个 半 小时 左右。
dào xuéxiào yígòng yào yí ge bàn xiǎoshí zuǒyòu.

内容理解 ••

講読の内容に関する質問に、中国語で答えましょう。

(1) 高木 每 天 几 点 起床？
　　Gāomù měi tiān jǐ diǎn qǐchuáng?

_____

(2) 从 高木 的 家 到 学校 要 多 长 时间？
　　Cóng Gāomù de jiā dào xuéxiào yào duō cháng shíjiān?

_____

1 次の日本語を中国語に訳しましょう。

(1) ピアノを弾く → _____ (2) 自転車に乗る → _____

(3) (父方の)おじいさん → _____ (4) 起きる → _____

(5) 待つ → _____ (6) 車を降りる → _____

2 日本語を参考に、語句を並べ替えましょう。

(1) 彼女は毎日一時間半中国語を勉強します。

【 个 / 每 / 小时 / 她 / 汉语 / 学习 / 一 / 天 / 半 / 。】
　　ge　měi　xiǎoshí　tā　Hànyǔ　xuéxí　yī　tiān　bàn　.

_____

(2) ここは病院からあまり遠くない。

【 太 / 远 / 不 / 医院 / 这儿 / 离 / 。】
　tài　yuǎn　bù　yīyuàn　zhèr　lí　.

_____

(3) あなたは明日どのように駅へ行きますか。

【 车站 / 明天 / 去 / 你 / 怎么 / ? 】
chēzhàn　míngtiān　qù　nǐ　zěnme　?

_____

3 次の日本語を中国語に訳しましょう。

(1) 私の祖父は毎日五時に起きます。

_____

(2) 私の姉は明日大学に行かなければなりません。

_____

(3) あなたの家から大学までどのくらいかかりますか。

_____

第8課　買い物

目標

・好みを伝えたり、値段を聞いたりすることができる。
・完了を表す"了"の使い方を覚えよう。

DL 086
CD1-86

新出語句

ポイント

☐ 买 mǎi 　動 買う

☐ 了 le 　助 ～した

☐ 双 shuāng 　量 ～足（対のものを数える）

☐ 鞋 xié 　名 靴

☐ 水果 shuǐguǒ 　名 果物

☐ 没有 méiyou 　副 ～していない、～しなかった

☐ 做 zuò 　動 する

☐ 作业 zuòyè 　名 宿題

☐ 休息 xiūxi 　動 休む、休憩する

☐ 还是 háishi 　接 それとも

☐ 初中生 chūzhōngshēng 　名 中学生

会話

☐ 新 xīn 　形 新しい

☐ 苹果 Píngguǒ 　名 アップル（企業名）

☐ 手机 shǒujī 　名 携帯電話

☐ 好看 hǎokàn 　形 美しい、きれい

☐ 颜色 yánsè 　名 色

☐ 酷 kù 　形 かっこいい

☐ 谢谢 xièxie 　ありがとう

☐ 喜欢 xǐhuan 　動 好きである

☐ 红色 hóngsè 　名 赤色

☐ 万 wàn 　数 万

☐ 一直 yìzhí 　副 ずっと

☐ 是吗？ shì ma？ そうですか？

☐ 网 wǎng 　名 インターネット

講読

☐ 最近 zuìjìn 　名 最近

☐ 绿色 lǜsè 　名 緑色

☐ 最 zuì 　副 最も

☐ 款 kuǎn 　名 デザイン

☐ 上面 shàngmiàn 　名 上、表面

☐ 照相 zhào//xiàng 　動 写真を撮る

☐ 镜头 jìngtóu 　名 レンズ

☐ 价钱 jiàqián 　名 値段

☐ 便宜 piányi 　形 安い

☐ 只 zhǐ 　副 ただ～だけ

☐ 花 huā 　動 （お金・時間などを）使う、費やす

練習

☐ 西瓜 xīguā 　名 スイカ

DL 087

CD1-87

1 完了を表す "了"

動詞＋"了"＋数量詞などの修飾語がつく目的語

1. 我 买了 一 双 鞋。
   Wǒ mǎile   yì shuāng xié.

2. 她 昨天 吃了 很 多 水果。
   Tā zuótiān chīle hěn duō shuǐguǒ.

否定　"没（有）"＋動詞

3. 他 没（有）做 作业。
   Tā méi(you) zuò zuòyè.

2 動詞の重ね型

「ちょっと〜する」「〜してみる」を表す。

1. 你 看看 这 本 书。
   Nǐ kànkan zhè běn shū.

2. 我们 在 那儿 休息休息 吧。
   Wǒmen zài nàr   xiūxixiuxi ba.

3 選択疑問文

A＋"还是"＋B？ 「AそれともB？」

1. 你 想 喝 咖啡 还是 喝 红茶？ —我 想 喝 咖啡。
   Nǐ xiǎng hē kāfēi háishi hē hóngchá？ —Wǒ xiǎng hē kāfēi.

2. 她 是 初中生   还是 高中生？   —她 是 初中生。
   Tā shì chūzhōngshēng háishi gāozhōngshēng？   —Tā shì chūzhōngshēng.

 会 話

DL 088
CD1-88

高木： 我 昨天 买了 一 个 新 苹果 手机，你 看看！
Wǒ zuótiān mǎile yí ge xīn Píngguǒ shǒujī, nǐ kànkan!

李南： 真 好看！ 这个 颜色 真 酷！
Zhēn hǎokàn! Zhège yánsè zhēn kù!

高木： 谢谢！ 我 喜欢 红色。
Xièxie! Wǒ xǐhuan hóngsè.

李南： 这个 手机 多少 钱？
Zhège shǒujī duōshao qián?

高木： 十五万八千 日元！
Shíwǔwàn bāqiān Rìyuán!

李南： 我 也 一直 想 买 一 个 新 手机。
Wǒ yě yìzhí xiǎng mǎi yí ge xīn shǒujī.

高木： 是 吗？ 你 想 在 店里 买 还是 在 网上 买？
Shì ma? Nǐ xiǎng zài diànli mǎi háishi zài wǎngshang mǎi?

李南： 我 想 在 网上 买。
Wǒ xiǎng zài wǎngshang mǎi.

DL 089
CD1-89

 発音の ポイント

「u」と「ü」。

(1) 无 wú (u) ― 鱼 yú (ü)　　(2) 路 lù ― 绿 lǜ

(3) 努 nǔ ― 女 nǚ　　(4) 酷 kù ― 去 qù

練習 ❶

1 音声を聞き取り、言われた順に番号をふりましょう。

( ) 宿題　　　　　　　( ) 色

( ) 携帯電話　　　　　( ) 新しい

( ) 好きである　　　　( ) 買う

2 下の語句を使って、質問に答えましょう。

A： 你昨天买了什么水果？
Nǐ zuótiān mǎile shénme shuǐguǒ?

B： _____

A： 这个多少钱？
Zhège duōshao qián?

B： _____

一个西瓜　　　　　两个苹果　　　　　两万日元　　　　　五千日元
yí ge xīguā　　　liǎng ge píngguǒ　　liǎngwàn Rìyuán　　wǔqiān Rìyuán

3 高木さん（男性）と李南さん（女性）の会話を聞いて、質問に答えましょう。

⑴ 高木买了什么手机？

_____

⑵ 这个手机多少钱？

_____

⑶ 哪儿有红色的手机？

_____

DL 092

CD1-92

最近 山田 在 网上 买了 一 个 新 手机。那 是 绿色 的
Zuìjìn Shāntián zài wǎngshang mǎile yí ge xīn shǒujī. Nà shì lùsè de

最 新 款，上面 有 三 个 照相 镜头，非常 酷。价钱 也
zuì xīn kuǎn, shàngmiàn yǒu sān ge zhàoxiàng jìngtóu, fēicháng kù. Jiàqián yě

很 便宜，只 花了 五万 日元，比 店里 的 便宜 一万 日元。
hěn piányi, zhǐ huāle wǔwàn Rìyuán, bǐ diànli de piányi yíwàn Rìyuán.

李 南 也 想 在 网上 买 一 个。
Lǐ Nán yě xiǎng zài wǎngshang mǎi yí ge.

内容理解 ··

講読の内容に関する質問に、中国語で答えましょう。

(1) 山田 的 新 手机 多少 钱？
   Shāntián de xīn shǒujī duōshao qián？

_____

(2) 李 南 想 在 网上 买 手机 还是 在 店里 买 手机？
   Lǐ Nán xiǎng zài wǎngshang mǎi shǒujī háishi zài diànli mǎi shǒujī？

_____

練習 ❷

1 次の日本語を中国語に訳しましょう。

(1) 中学生 → ....   (2) 値段 → ....

(3) 果物 → ....   (4) 安い → ....

(5) ありがとう → ....   (6) 写真を撮る → ....

2 日本語を参考に、語句を並べ替えましょう。

(1) あなたは赤色のを買いますか、それとも緑色のを買いますか。

【 的 / 红色 / 你 / 还是 / 买 / 绿色 / 买 / 的 / ？】
  de hóngsè nǐ háishi mǎi lǜsè mǎi de ?

(2) 私たちはあのカフェでちょっと休憩しましょう。

【 休息 / 咖啡馆 / 吧 / 在 / 个 / 休息 / 那 / 我们 / 。】
  xiūxi kāfēiguǎn ba zài ge xiūxi nà wǒmen .

(3) この新しい携帯電話は五万円しかかかりませんでした。

【 了 / 只 / 手机 / 花 / 个 / 日元 / 新 / 这 / 五万 / 。】
  le zhǐ shǒujī huā ge Rìyuán xīn zhè wǔwàn .

3 次の日本語を中国語に訳しましょう。

(1) 私は昨日宿題をしなかった。

(2) あなたの妹は高校生ですか、それとも大学生ですか。

(3) あなたはパンをいくつ食べたのですか。

目標

・長期休暇や休日の計画を話したり、経験を話したりすることができる。
・経験を表す "过" の使い方を覚えよう。

DL 093

CD2-01

新出語句

ポイント

- 商场 shāngchǎng 名 ショッピングモール
- 东西 dōngxi 名 物
- 开车 kāi//chē 動 (車を)運転する
- 上班 shàng//bān 動 出勤する
- 过 guo 助 ～したことがある
- 台湾 Táiwān 名 台湾
- 电影 diànyǐng 名 映画
- 法语 Fǎyǔ 名 フランス語
- 还 hái 副 まだ
- 印度 Yìndù 名 インド
- 次 cì 量 ～回
- 飞机 fēijī 名 飛行機
- 请 qǐng 動 頼む、どうぞ～してください
- 再 zài 副 再び、もう一度
- 说 shuō 動 話す、言う
- 遍 biàn 量 (初めから終わりまで通して)～回

会話

- 暑假 shǔjià 名 夏休み
- 什么时候 shénme shíhou いつ
- 开始 kāishǐ 動 始まる
- 月 yuè 名 ～月

- 号 hào 量 ～日
- 结束 jiéshù 動 終わる
- 打算 dǎsuan 名 予定
  動 ～する予定である
- 旅游 lǚyóu 動 旅行する
- 以前 yǐqián 名 以前
- 跟 gēn 介 ～と
- 家人 jiārén 名 家族
- 这次 zhè cì 今回
- 谁 shéi 代 誰
- 同学 tóngxué 名 クラスメート

講読

- 要 yào 助動 ～したい
- 回 huí 動 帰る
- 趟 tàng 量 ～回(往復の回数を数える)
- 老家 lǎojiā 名 故郷、実家
- 高中 gāozhōng 名 高校
- 见面 jiàn//miàn 動 会う
- 社团 shètuán 名 クラブ、サークル
- 北海道 Běihǎidào 名 北海道
- 特别 tèbié 副 とりわけ
- 期待 qīdài 動 期待する、待ち望む

DL 094

CD2-02

1 連動文

動詞は動作を行う順に並べる。

1. 我们 去　商场　买 东西。
   Wǒmen qù shāngchǎng mǎi dōngxi.

2. 我 爸爸 每 天 开车　上班。
   Wǒ bàba měi tiān kāichē shàngbān.

2 経験を表す"过"

動詞＋"过"「～したことがある」

1. 我 妹妹 去过 台湾。
   Wǒ mèimei qùguo Táiwān.

2. 他 看过　中国　电影。
   Tā kànguo Zhōngguó diànyǐng.

否定　"没(有)"＋動詞＋"过"

3. 我 没(有)学过 法语。
   Wǒ méi(you) xuéguo Fǎyǔ.

4. 我 还 没(有)看过 印度 电影。
   Wǒ hái méi(you) kànguo Yìndù diànyǐng.

3 回数表現

回数は動詞の後ろに置く。

1. 我 坐过　两 次 飞机。
   Wǒ zuòguo liǎng cì fēijī.

2. 请 再 说 一 遍。
   Qǐng zài shuō yí biàn.

 会 話

李南さんは高木さんに夏休みの予定を聞いています。

DL 095
CD2-03

李南： 暑假 什么 时候 开始？
Shǔjià shénme shíhou kāishǐ?

高木： 八 月 一 号 开始，九 月 二 十 五 号 结束。
Bā yuè yī hào kāishǐ, jiǔ yuè èrshiwǔ hào jiéshù.

李南： 暑假 你 有 什么 打算？
Shǔjià nǐ yǒu shénme dǎsuan?

高木： 我 想 去 东京 旅游。
Wǒ xiǎng qù Dōngjīng lǚyóu.

李南： 你 去过 东京 吗？
Nǐ qùguo Dōngjīng ma?

高木： 以前 我 跟 家人 去过 一 次。
Yǐqián wǒ gēn jiārén qùguo yí cì.

李南： 这 次 你 跟 谁 一起 去？
Zhè cì nǐ gēn shéi yìqǐ qù?

高木： 这 次 我 跟 同学们 一起 去。
Zhè cì wǒ gēn tóngxuémen yìqǐ qù.

DL 096
CD2-04

 「j / q / x」の後に「u」がつづられるときの音に注意しながら発音しましょう。

(1) 去 qù (q＋ü)　　(2) 学 xué (x＋üe)　　(3) 全 quán (q＋üan)

練習 ❶

DL 097
CD2-05

1 音声を聞き取り、言われた順に番号をふりましょう。

( ) いつ　　　　　　　　　( ) クラスメート

( ) 夏休み　　　　　　　　( ) 映画

( ) 誰　　　　　　　　　　( ) ～する予定である

2 下の語句を使って、質問に答えましょう。

A: 暑假什么时候开始？
　 Shǔjià shénme shíhou kāishǐ?

B: _____

A: 你跟谁一起去？
　 Nǐ gēn shéi yìqǐ qù?

B: _____

7 月 25 号　　　　　　8 月 15 号　　　　　　家人　　　　　　同学们
qī yuè èrshiwǔ hào　　bā yuè shíwǔ hào　　 jiārén　　　　 tóngxuémen

DL 098
CD2-06

3 高木さん（男性）と李南さん（女性）の会話を聞いて、質問に答えましょう。

(1) 李南去过几次东京？

_____

(2) 李南什么时候去京都？

_____

(3) 李南跟谁一起去京都？

_____

講　読

今年　暑假　从　八　月　一　号　开始　到　九　月　二十五　号　结束。
Jīnnián shǔjià cóng bā yuè yī hào kāishǐ dào jiǔ yuè èrshiwǔ hào jiéshù.

暑假　李　南　要　回　一　趟　中国　的　老家，　在　老家　跟　高中
Shǔjià Lǐ Nán yào huí yí tàng Zhōngguó de lǎojiā, zài lǎojiā gēn gāozhōng

同学　见面。九月　她　打算　跟　社团　的　同学们　一起　去　北海道
tóngxué jiànmiàn. Jiǔ yuè tā dǎsuan gēn shètuán de tóngxuémen yìqǐ qù Běihǎidào

旅游。　她　没　去过　北海道，　特别　期待　这　次　旅游。
lǚyóu. Tā méi qùguo Běihǎidào, tèbié qīdài zhè cì lǚyóu.

内容理解 ┈┈┈┈┈┈┈┈┈┈┈┈┈┈┈┈┈┈┈┈┈┈┈┈┈┈

講読の内容に関する質問に、中国語で答えましょう。

⑴ 李　南　要　在　老家　跟　谁　见面？
　　Lǐ Nán yào zài lǎojiā gēn shéi jiànmiàn?

⑵ 李　南　去过　北海道　吗？
　　Lǐ Nán qùguo Běihǎidào ma?

66

練習 ❷

1 次の日本語を中国語に訳しましょう。

(1) 家族 → .... (2) 始まる → ....

(3) フランス語を話す → .... (4) クラブ、サークル → ....

(5) 会う → .... (6) (車を)運転する → ....

2 日本語を参考に、語句を並べ替えましょう。

(1) あなたは中国語を学んだことがありますか。

【 学 / 吗 / 汉语 / 过 / 你 / ？】
　xué　ma　Hànyǔ　guo　nǐ　？

....

(2) 私はクラスメートたちと一緒に旅行に行く予定です。

【 一起 / 旅游 / 跟 / 我 / 打算 / 同学们 / 去 / 。】
　yìqǐ　　lǚyóu　gēn　wǒ　dǎsuan　tóngxuémen　qù　　.

....

(3) 姉は毎日自転車で出勤します。

【 自行车 / 上班 / 天 / 我 / 姐姐 / 骑 / 每 / 。】
　zìxíngchē　shàngbān　tiān　wǒ　jiějie　qí　měi　.

....

3 次の日本語を中国語に訳しましょう。

(1) 私の兄は車で東京へ行きます。

....

(2) 私の父は飛行機に乗ったことがありません。

....

(3) 私はインド映画を二度見たことがあります。

....

目標

- 趣味やクラブ活動について話すことができる。
- 可能を表す助動詞 "会、能" を使って「～できる」を表現しよう。

DL 100

CD2-08

新出語句

ポイント

- 会 huì [助動] (習得して)～できる
- 游泳 yóu//yǒng [動] 泳ぐ
- 能 néng [助動] (能力・条件があり)～できる
- 游 yóu [動] 泳ぐ
- 米 mǐ [量] メートル
- 上课 shàng//kè [動] 授業に出る
- 跑 pǎo [動] 走る
- 得 de [助] 様態補語を導く
- 快 kuài [形] 速い
- 件 jiàn [量] ～着(衣類[主に上着]を数える)
- 衣服 yīfu [名] 服

会話

- 打 dǎ [動] (様々なスポーツを)する
- 乒乓球 pīngpāngqiú [名] 卓球
- 网球 wǎngqiú [名] テニス
- 真的 zhēn de 本当に
- 还可以 hái kěyǐ まあまあである
- 参加 cānjiā [動] 参加する

- 全国 quánguó [名] 全国
- 大赛 dàsài [名] 大会
- 了不起 liǎobuqǐ すばらしい
- 小学 xiǎoxué [名] 小学校
- 时候 shíhou [名] 時
- 对 duì [介] ～に対して
- 感 gǎn [動] 感じる
- 兴趣 xìngqù [名] 興味
- 练习 liànxí [動] 練習する

講読

- 外语 wàiyǔ [名] 外国語
- 英语 Yīngyǔ [名] 英語
- 每 měi [代] それぞれ、毎～
- 活动 huódòng [名] 活動
- 用 yòng [介] ～で
- 感想 gǎnxiǎng [名] 感想
- 认真 rènzhēn [形] まじめである

 ポイント

DL 101

CD2-09

1 助動詞 "会" "能"

助動詞 "会" ＋動詞 「(習得して) ～できる」

1. 我 哥哥 会 开车。
   Wǒ gēge huì kāichē.

否定 "不" ＋ "会" ＋動詞

2. 她 不 会 游泳。
   Tā bú huì yóuyǒng.

助動詞 "能" ＋動詞 「(一定の能力・条件があり) ～できる」

3. 我 能 游 五千 米。
   Wǒ néng yóu wǔqiān mǐ.

4. 你 明天 能 来 吗?
   Nǐ míngtiān néng lái ma?

否定 "不" ＋ "能" ＋動詞

5. 我 明天 要 去 上课, 不 能 来。
   Wǒ míngtiān yào qù shàngkè, bù néng lái.

2 様態補語

(動詞＋) 目的語＋動詞＋ "得" ＋様態補語

1. 他 跑得 很 快。
   Tā pǎode hěn kuài.

2. 她 (说) 汉语 说得 很 好。
   Tā (shuō) Hànyǔ shuōde hěn hǎo.

3 "是～的" 構文

("是" ＋) 取り立て要素＋動詞＋ "的" (＋目的語)

すでに行われたことについて、方法、場所、時間などを強調するときに使う。

1. 你 是 怎么 来 的 学校? —我 是 坐 电车 来 的 学校。
   Nǐ shì zěnme lái de xuéxiào? —Wǒ shì zuò diànchē lái de xuéxiào.

2. 这 件 衣服 是 在 哪儿 买 的? —这 件 衣服 是 在 东京 买 的。
   Zhè jiàn yīfu shì zài nǎr mǎi de? —Zhè jiàn yīfu shì zài Dōngjīng mǎi de.

 会 話

高木さんはテニスが得意なようです。

李南: 你 会 打 乒乓球 吗？
Nǐ huì dǎ pīngpāngqiú ma?

高木: 不会，我 会 打 网球。
Bú huì, wǒ huì dǎ wǎngqiú.

李南: 真 的？ 你 打得 怎么样？
Zhēn de? Nǐ dǎde zěnmeyàng?

高木: 我 打得 还 可以，参加过 高中生 全国 大赛。
Wǒ dǎde hái kěyǐ, cānjiāguo gāozhōngshēng quánguó dàsài.

李南: 你 真 了不起！ 你 是 什么 时候 开始 学 的？
Nǐ zhēn liǎobuqǐ! Nǐ shì shénme shíhou kāishǐ xué de?

高木: 小学 三 年级 的 时候 开始 学 的。
Xiǎoxué sān niánjí de shíhou kāishǐ xué de.

李南: 我 也 对 网球 感 兴趣。
Wǒ yě duì wǎngqiú gǎn xìngqù.

高木: 那，明天 我们 一起 练习 吧。你 能 来 吗？
Nà, míngtiān wǒmen yìqǐ liànxí ba. Nǐ néng lái ma?

  母音に注意しながら発音しましょう。

(1) 牛 niú（n＋iou） (2) 水 shuǐ（sh＋uei） (3) 婚 hūn（h＋uen）

70

練習 ❶

1 音声を聞き取り、言われた順に番号をふりましょう。

DL 104
CD2-12

( ) 泳ぐ　　　　　　　　　( ) すばらしい

( ) 卓球　　　　　　　　　( ) まあまあである

( ) テニス　　　　　　　　( ) 参加する

2 下の語句を使って、質問に答えましょう。

A： 你对什么感兴趣？
　　 Nǐ duì shénme gǎn xìngqù？

B：

A： 你是什么时候开始学的？
　　 Nǐ shì shénme shíhou kāishǐ xué de？

B：

游泳
yóuyǒng

乒乓球
pīngpāngqiú

五岁的时候
wǔ suì de shíhou

高中的时候
gāozhōng de shíhou

3 高木さん（男性）と李南さん（女性）の会話を聞いて、質問に答えましょう。

DL 105
CD2-13

(1) 李南会打乒乓球吗？

(2) 李南打得怎么样？

(3) 李南是什么时候开始的？

DL 106

CD2-14

金　东国　对　外语　感　兴趣。 他　会　说　英语，他　是　从　五
Jīn Dōngguó duì wàiyǔ gǎn xìngqù. Tā huì shuō Yīngyǔ, tā shì cóng wǔ

岁　开始　学　的。 他　现在　参加了　大学　的　英语　社团，　每
suì kāishǐ xué de. Tā xiànzài cānjiāle dàxué de Yīngyǔ shètuán, měi

星期三　下午　有　活动。 他们　一起　看　英语　电影，　用　英语　说
xīngqīsān xiàwǔ yǒu huódòng. Tāmen yìqǐ kàn Yīngyǔ diànyǐng, yòng Yīngyǔ shuō

感想。　他们　练习得　很　认真，　英语　说得　非常　好。
gǎnxiǎng. Tāmen liànxíde hěn rènzhēn, Yīngyǔ shuōde fēicháng hǎo.

内容理解 ∙∙

講読の内容に関する質問に、中国語で答えましょう。

(1) 金　东国　是　什么　时候　开始　学　的　英语？
　　Jīn Dōngguó shì shénme shíhou kāishǐ xué de Yīngyǔ?

_____

(2) 英语　社团　什么　时候　有　活动？
　　Yīngyǔ shètuán shénme shíhou yǒu huódòng?

_____

1 次の日本語を中国語に訳しましょう。

(1) 興味 → _____   (2) 練習する → _____

(3) まじめである → _____   (4) 走る → _____

(5) 速い → _____   (6) 授業に出る → _____

2 日本語を参考に、語句を並べ替えましょう。

(1) 彼女はピアノを弾くのがとても上手です。
【 好 / 弹 / 得 / 钢琴 / 很 / 她 / 。】
　hǎo　tán　de　gāngqín　hěn　tā　.

_____

(2) 私も自転車に乗れません。
【 不 / 自行车 / 会 / 我 / 骑 / 也 / 。】
　bù　zìxíngchē　huì　wǒ　qí　yě　.

_____

(3) あなたはどこから来たのですか。
【 的 / 哪儿 / 你 / 来 / 从 / 是 / ？】
　de　nǎr　nǐ　lái　cóng　shì　?

_____

3 次の日本語を中国語に訳しましょう。

(1) あなたはいつ中国語を学びはじめたのですか。（"是～的"構文で）

_____

(2) 私の姉は英語に興味があります。

_____

(3) 私は明日授業に出られません。

_____

目標

・誕生日を表現できる。イベントの日時、過ごし方を表現できる。

・変化の"了"と完了の"了"の使い方を整理しよう。

DL 107

CD2-15

新出語句

ポイント

- ☐ 教 jiāo 　動 教える
- ☐ 数学 shùxué 　名 数学
- ☐ 给 gěi 　動 与える
- ☐ 瓶 píng 　量 ～本（瓶入りのものを数える）
- ☐ 矿泉水 kuàngquánshuǐ 　名 ミネラルウォーター
- ☐ 问 wèn 　動 尋ねる
- ☐ 问题 wèntí 　名 質問、問題
- ☐ 刻 kè 　量 15分
- ☐ 了 le 　助 ～になった
- ☐ 暖和 nuǎnhuo 　形 暖かい
- ☐ 儿子 érzi 　名 息子
- ☐ 小学生 xiǎoxuéshēng 　名 小学生

会話

- ☐ 生日 shēngrì 　名 誕生日
- ☐ 过 guò 　動 過ごす、祝う
- ☐ 开 kāi 　動 開く
- ☐ 晚会 wǎnhuì 　名 （夜の）パーティー

- ☐ 送 sòng 　動 贈る
- ☐ 礼物 lǐwù 　名 プレゼント
- ☐ 准备 zhǔnbèi 　動 準備する
- ☐ 迪士尼 Díshìní 　名 ディズニー
- ☐ 手机套 shǒujītào 　名 携帯カバー
- ☐ 欸 éi 　感 おや、あれっ

講読

- ☐ 圣诞节 Shèngdàn Jié 　名 クリスマス
- ☐ 一天 yìtiān 　名 同じ日
- ☐ 每年 měi nián 　毎年
- ☐ 圣诞晚会 shèngdàn wǎnhuì 　クリスマスパーティー
- ☐ 蛋糕 dàngāo 　名 ケーキ
- ☐ 祝贺 zhùhè 　動 祝う

DL 108

CD2-16

1 二重目的語文

主語＋動詞＋目的語1（ヒト）＋目的語2（モノ・コト）

1. 他 教 我们 数学。
   Tā jiāo wǒmen shùxué.

2. 我 给 你 一 瓶 矿泉水。
   Wǒ gěi nǐ yì píng kuàngquánshuǐ.

3. 我 问了 老师 很 多 问题。
   Wǒ wènle lǎoshī hěn duō wèntí.

2 名詞述語文

日付や時刻、年齢などに使う。

1. 今天 八 月 二十四 号。
   Jīntiān bā yuè èrshisì hào.

2. 现在 四 点 三 刻。
   Xiànzài sì diǎn sān kè.

3. 明天 不 是 星期天。
   Míngtiān bú shì xīngqītiān.

4. 你 今年 多 大？ —我 今年 十八 岁。
   Nǐ jīnnián duō dà? —Wǒ jīnnián shíbā suì.

3 変化を表す"了"

1. 天气 暖和 了。
   Tiānqì nuǎnhuo le.

2. 我 儿子 是 小学生 了。
   Wǒ érzi shì xiǎoxuéshēng le.

会話

もうすぐ高木さんの妹は誕生日を迎えます。

DL 109
CD2-17

高木： 这个 星期天 是 我 妹妹 的 生日。
Zhège xīngqītiān shì wǒ mèimei de shēngrì.

李南： 真 的？ 你们 打算 怎么 过？
Zhēn de? Nǐmen dǎsuan zěnme guò?

高木： 我们 想 开 一 个 生日 晚会。
Wǒmen xiǎng kāi yí ge shēngrì wǎnhuì.

李南： 你 送 她 什么 生日 礼物？
Nǐ sòng tā shénme shēngrì lǐwù?

高木： 我 准备 了 一 个 迪士尼 的 手机套。
Wǒ zhǔnbèile yí ge Díshìní de shǒujītào.

李南： 欸， 你 的 生日 几 月 几 号？
Éi, nǐ de shēngrì jǐ yuè jǐ hào?

高木： 十一 月 七 号。 你 呢？
Shíyī yuè qī hào. Nǐ ne?

李南： 三 月 四 号。 我 今年 二十 岁 了！
Sān yuè sì hào. Wǒ jīnnián èrshí suì le!

DL 110
CD2-18

発音の
ポイント

「-n」と「-ng」。

(1) 弹 tán — 糖 táng　　(2) 身 shēn — 生 shēng

(3) 琴 qín — 情 qíng

76

DL 111

CD2-19

1 音声を聞き取り、言われた順に番号をふりましょう。

(　) 準備する 　　　　(　) 贈る

(　) 誕生日 　　　　　(　) プレゼント

(　) 暖かい 　　　　　(　)（夜の）パーティー

2 下の語句を使って、質問に答えましょう。

A： 你的生日几月几号？

　　 Nǐ de shēngrì jǐ yuè jǐ hào?

B： ....

A： 你送爸爸什么生日礼物？

　　 Nǐ sòng bàba shénme shēngrì lǐwù?

B： ....

7 月 28 号　　　　11 月 19 号　　　　　手机套　　　　　　雨伞

qī yuè èrshíbā hào　shíyī yuè shíjiǔ hào　　shǒujītào　　　　yǔsǎn

DL 112

CD2-20

3 高木さん（男性）と李南さん（女性）の会話を聞いて、質問に答えましょう。

(1) 李南的生日几月几号？

....

(2) 高木的生日几月几号？

....

(3) 李南要什么礼物？

....

DL 113

CD2-21

王　静　的　生日　十二　月　二十五　号，　和　圣诞节　是　一天。
Wáng Jìng de shēngrì shí'èr yuè èrshiwǔ hào, hé Shèngdàn Jié shì yìtiān.

每　年　的　圣诞　晚会　也　是　她　的　生日　晚会。　那　天　家人　送
Měi nián de shèngdàn wǎnhuì yě shì tā de shēngrì wǎnhuì. Nà tiān jiārén sòng

她　很　多　礼物，她　也　送　他们　礼物。　晚上　妈妈　准备　很　多
tā hěn duō lǐwù, tā yě sòng tāmen lǐwù. Wǎnshang māma zhǔnbèi hěn duō

好吃　的　菜。　他们　一起　吃　生日　蛋糕，　祝贺　她　的　生日　和
hǎochī de cài. Tāmen yìqǐ chī shēngrì dàngāo, zhùhè tā de shēngrì hé

圣诞节。
Shèngdàn Jié.

内容理解

講読の内容に関する質問に、中国語で答えましょう。

(1) 王　静　的　生日　几　月　几　号？
Wáng Jìng de shēngrì jǐ yuè jǐ hào?

_____

(2) 晚上　王　静　的　妈妈　准备　什么？
Wǎnshang Wáng Jìng de māma zhǔnbèi shénme?

_____

1 次の日本語を中国語に訳しましょう。

(1) ミネラルウォーター → .... (2) 質問 → ....

(3) 携帯カバー → .... (4) 息子 → ....

(5) クリスマス → .... (6) 誕生日プレゼント → ....

2 日本語を参考に、語句を並べ替えましょう。

(1) 彼は私に本を一冊くれました。
【 给 / 一 / 我 / 书 / 他 / 本 / 了 / 。】
　 gěi　 yì　 wǒ　 shū　 tā　 běn　 le　 .

....

(2) 今日は母の誕生日ではありません。
【 的 / 是 / 生日 / 我 / 今天 / 妈妈 / 不 / 。】
　 de　 shì　 shēngrì　 wǒ　 jīntiān　 māma　 bù　 .

....

(3) 妹は二千メートル泳げるようになりました。
【 米 / 游 / 了 / 我 / 两千 / 能 / 妹妹 / 。】
　 mǐ　 yóu　 le　　 wǒ　 liǎngqiān　 néng　 mèimei　 .

....

3 次の日本語を中国語に訳しましょう。

(1) 明日は何曜日ですか。

....

(2) 弟は大学生になりました。

....

(3) 兄は高校生に英語を教えています。

....

第12課　試験

目標

・今していることや物事の進行状況を表現できる。
・結果補語の文の文型を覚えよう。

DL 114

CD2-22

新出語句

ポイント

- 在 zài 副 ～している
- 洗澡 xǐ//zǎo 動 入浴する
- 呢 ne 助 ～している
- 正在 zhèngzài 副 ちょうど～している
- 打 dǎ 動 （電話を）かける
- 电话 diànhuà 名 電話
- 完 wán 動 ～し終える
- 好 hǎo 形 きちんと～し終える
- 已经 yǐjīng 副 すでに、もう
- 话 huà 名 話
- 听 tīng 動 聞く
- 懂 dǒng 動 わかる
- 有点儿 yǒudiǎnr 副 少し～だ
- 紧张 jǐnzhāng 形 緊張している

会話

- 喂 wéi もしもし
- 小 xiǎo ～君、～さん（ちゃん）
- 哦 ò 感 ああ、おお

- 怎么了 zěnme le どうしましたか?
- 考试 kǎoshì 名 試験
- 复习 fùxí 動 復習する
- 着急 zháojí 形 焦る
- 帮 bāng 動 助ける、手伝う
- 请教 qǐngjiào 動 教えてもらう
- 好的 hǎo de わかった、オーケー

講読

- 选修 xuǎnxiū 動 選択履修する
- 门 mén 量 ～科目（科目を数える）
- 课 kè 名 授業
- 其中 qízhōng 名 その中
- 期中 qīzhōng 名 （学期の）中間
- 考 kǎo 動 試験を受ける
- 语法 yǔfǎ 名 文法
- 一些 yìxiē いくつか
- 搞清楚 gǎo//qīngchu はっきりさせる
- 研究室 yánjiūshì 名 研究室

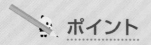

DL 115

CD2-23

1 進行を表す表現

"在～（呢）"、"正在～（呢）" 「～しているところだ」

1. 我 儿子 在 洗澡 呢。
   Wǒ érzi zài xǐzǎo ne.

2. 她 正在 打 电话 呢。
   Tā zhèngzài dǎ diànhuà ne.

2 結果補語

動詞＋結果補語

1. 这 本 书 我 看完 了。
   Zhè běn shū wǒ kànwán le.

2. 你 准备好 了 吗？ —我 已经 准备好 了。
   Nǐ zhǔnbèihǎo le ma? —Wǒ yǐjīng zhǔnbèihǎo le.

否定 "没（有）"＋動詞＋結果補語

3. 老师 的 话 我 没（有） 听懂。
   Lǎoshī de huà wǒ méi(you) tīngdǒng.

3 "有点儿"

"有点儿"＋形容詞 「少し～だ」（よく望ましくないことに使う）

1. 今天 有点儿 冷。
   Jīntiān yǒudiǎnr lěng.

2. 她 今天 有点儿 紧张。
   Tā jīntiān yǒudiǎnr jǐnzhāng.

81

 会話

高木さんは中国語の質問があり、李南さんに電話をします。

DL 116
CD2-24

高木: 喂，小李，现在 你 有 时间 吗？
　　　Wéi, Xiǎo Lǐ, xiànzài nǐ yǒu shíjiān ma?

李南: 哦，高木！ 我 有 时间，怎么 了？
　　　Ò, Gāomù! Wǒ yǒu shíjiān, zěnme le?

高木: 明天 我 有 汉语 考试，现在 正在 复习 呢。
　　　Míngtiān wǒ yǒu Hànyǔ kǎoshì, xiànzài zhèngzài fùxí ne.

李南: 你 准备得 怎么样 了？
　　　Nǐ zhǔnbèide zěnmeyàng le?

高木: 我 还 没 准备好，有点儿 着急！
　　　Wǒ hái méi zhǔnbèihǎo, yǒudiǎnr zháojí!

李南: 我 能 帮 你 做 什么？
　　　Wǒ néng bāng nǐ zuò shénme?

高木: 我 有 一 个 汉语 问题，想 请教 你。
　　　Wǒ yǒu yí ge Hànyǔ wèntí, xiǎng qǐngjiào nǐ.

李南: 好 的！ 你 说 吧。什么 问题？
　　　Hǎo de! Nǐ shuō ba. Shénme wèntí?

DL 117
CD2-25

発音の
ポイント

さまざまな「e」。

　　(1) 累 lèi 　　(2) 乐 lè 　　(3) 了 le

練習 ①

1 音声を聞き取り、言われた順に番号をふりましょう。

DL 118
CD2-26

( ) 電話   ( ) わかる

( ) 試験   ( ) すでに、もう

( ) 焦る   ( ) 助ける、手伝う

2 下の語句を使って、質問に答えましょう。

A： 你在做什么？
Nǐ zài zuò shénme?

B：

A： 你什么时候有时间？
Nǐ shénme shíhou yǒu shíjiān?

B：

学汉语   打网球   星期天   下午
xué Hànyǔ   dǎ wǎngqiú   xīngqītiān   xiàwǔ

3 高木さん（男性）と李南さん（女性）の会話を聞いて、質問に答えましょう。

DL 119
CD2-27

(1) 高木在做什么？

(2) 高木怎么了？

(3) 李南什么时候有时间？

講 読

DL 120
CD2-28

今年 高木 一共 选修了 十二 门 课，其中 汉语 课 和 英语
Jīnnián Gāomù yígòng xuǎnxiūle shí'èr mén kè, qízhōng Hànyǔ kè hé Yīngyǔ

课 有 期中 考试。昨天 考完了 汉语，考得 还 不错。现在 他 在
kè yǒu qīzhōng kǎoshì. Zuótiān kǎowánle Hànyǔ, kǎode hái búcuò. Xiànzài tā zài

复习 英语。英语 的 语法 有点儿 难，有 一些 问题 他 还 没有
fùxí Yīngyǔ. Yīngyǔ de yǔfǎ yǒudiǎnr nán, yǒu yìxiē wèntí tā hái méiyou

搞清楚。他 打算 下午 去 老师 的 研究室 请教 一下 老师。
gǎoqīngchu. Tā dǎsuan xiàwǔ qù lǎoshī de yánjiūshì qǐngjiào yíxià lǎoshī.

内容理解 ....

講読の内容に関する質問に、中国語で答えましょう。

(1) 高木 汉语 考试 考得 怎么样？
  Gāomù Hànyǔ kǎoshì kǎode zěnmeyàng?

_____

(2) 高木 打算 下午 去 哪儿？
  Gāomù dǎsuan xiàwǔ qù nǎr?

_____

1 次の日本語を中国語に訳しましょう。

(1) 聞く　　　　→ ....

(2) 授業　　　　→ ....

(3) 緊張している → ....

(4) 試験を受ける → ....

(5) 入浴する　　→ ....

(6) 復習する　　→ ....

2 日本語を参考に、語句を並べ替えましょう。

(1) 母はちょうど電話をしているところです。

【 打 / 正在 / 呢 / 电话 / 妈妈 / 。】
　　dǎ　　zhèngzài　ne　diànhuà　māma　　.

....

(2) あなたたちは準備できましたか。

【 准备 / 吗 / 你门 / 好 / 了 / ？】
　zhǔnbèi　ma　nǐmen　hǎo　le　　?

....

(3) この靴は少し小さい。

【 双 / 小 / 这 / 鞋 / 有点儿 / 。】
　shuāng xiǎo zhè xié yǒudiǎnr　.

....

3 次の日本語を中国語に訳しましょう。

(1) あなたは何をしているところですか。

....

(2) この本はまだ読み終えていません。

....

(3) 私は少し焦っています。

....

目標

・体調を表現できる。
・"把" 構文の文型を覚えよう。

DL 121

CD2-29

新出語句

ポイント

- 个子 gèzi 名 背丈
- 下来 xiàlai 動 （方向補語）下りて来る
- 进来 jìnlai 動 （方向補語）入って来る
- 教室 jiàoshì 名 教室
- 病 bìng 名 病気
- 好 hǎo 形 健康である
- 起来 qǐlai 動 （方向補語）下から上へ、（ある状態が）現れ始める
- 把 bǎ 介 ～を
- 背包 bēibāo 名 リュックサック
- 带 dài 動 持つ、携帯する

会話

- 身体 shēntǐ 名 体
- 舒服 shūfu 形 気分がよい、体調がよい
- 要紧 yàojǐn 形 ひどい、深刻である
- 咳嗽 késou 動 咳をする
- 嗓子 sǎngzi 名 のど
- 疼 téng 形 痛い
- 全身 quánshēn 名 全身
- 力气 lìqi 名 力

- 刚 gāng 副 ～したばかりである
- 感冒 gǎnmào 名 風邪
- 药 yào 名 薬
- 天 tiān 量 ～日
- 告诉 gàosu 動 伝える
- 下课 xià//kè 動 授業が終わる
- 后 hòu 名 後
- 看 kàn 動 見舞う、診察してもらう

講読

- 渐渐 jiànjiàn 副 だんだん
- 请假 qǐng//jià 動 休みをもらう
- 上个星期 shàng ge xīngqī 先週
- 得 dé 動 （病気に）かかる
- 流感 liúgǎn 名 インフルエンザ
- 小 xiǎo 形 小さい
- 才 cái 副 やっと
- 应该 yīnggāi 助動 ～でなければならない
- 多加～ duō jiā もっと～する
- 小心 xiǎoxīn 動 気をつける

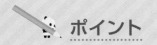

ポイント

DL 122

CD2-30

① 主述述語文

述語が「主語＋述語」で構成される文。

1. 我 爸爸 工作 很 忙。
   Wǒ bàba gōngzuò hěn máng.

2. 他 个子 非常 高。
   Tā gèzi fēicháng gāo.

② 方向補語

動詞＋方向補語

1. 他 已经 回去 了。
   Tā yǐjīng huíqu le.

2. 她 跑下来 了。
   Tā pǎoxiàlai le.

▶ 目的語は "去 / 来" の前に置く。

3. 老师 走进 教室 来 了。
   Lǎoshī zǒujìn jiàoshì lái le.

▶ 方向補語には「方向」の意味以外に、派生の意味もある。
例えば、"起来" は「下から上へ」という方向のほか、「(ある状態が) 現れ始める」などを表す。

4. 他 的 病 好起来 了。
   Tā de bìng hǎoqǐlai le.

〈方向補語一覧表〉

	进 jìn	出 chū	上 shàng	下 xià	回 huí	过 guò	起 qǐ
来 lái	进来	出来	上来	下来	回来	过来	起来
去 qù	进去	出去	上去	下去	回去	过去	

③ "把" 構文

"把" ＋目的語＋動詞＋α

▶ 目的語は特定のもの。

1. 我 把 他 的 背包 带来 了。
   Wǒ bǎ tā de bēibāo dàilai le.

否定 "不" や "没(有)" を "把" の前に置く。

2. 我 还 没 把 作业 做完。
   Wǒ hái méi bǎ zuòyè zuòwán.

 会　話

DL 123
CD2-31

李南さんは体調がよくないようです。

李南: 我 身体 有点儿 不 舒服。
Wǒ　shēntǐ　yǒudiǎnr　bù　shūfu.

高木: 怎么 了？ 要紧 吗？
Zěnme　le?　　Yàojǐn　ma?

李南: 咳嗽、 嗓子 疼、 全身 没 力气。
Késou、　sǎngzi téng、 quánshēn méi　lìqi.

高木: 你 去 医院 了 吗？
Nǐ　qù　yīyuàn　le　ma?

李南: 去 了， 刚 回来。 医生 给了 我 一些 感冒 药。
Qù le,　gāng huílai.　Yīshēng gěile　wǒ　yìxiē gǎnmào yào.

高木: 你 把 药 吃 了 吗？
Nǐ　bǎ　yào　chī　le　ma?

李南: 吃 了。 我 想 今天 休息 一 天。
Chī le.　Wǒ xiǎng jīntiān　xiūxi　yì tiān.

高木: 好 的， 我 告诉 老师 吧。 下课 后 我 去 看 你。
Hǎo de,　wǒ gàosu lǎoshī ba.　Xiàkè hòu wǒ qù kàn nǐ.

DL 124
CD2-32

 発音の
ポイント

3つの「i」。

(1) 机 jī　　　(2) 知 zhī　　　(3) 资 zī

練習 ①

1 音声を聞き取り、言われた順に番号をふりましょう。

DL 125
CD2-33

( ) 体 　　　　　　　　　( ) 伝える

( ) 風邪 　　　　　　　　( ) 咳をする

( ) 気分がよい、体調がよい 　　( ) のど

2 下の語句を使って、質問に答えましょう。

A： 你怎么了？
　　Nǐ zěnme le?

B：...

A： 你想休息几天？
　　Nǐ xiǎng xiūxi jǐ tiān?

B：...

嗓子疼　　　　全身没力气　　　　一天　　　　两天
sǎngzi téng　　quánshēn méi lìqi　　yì tiān　　liǎng tiān

3 高木さん（男性）と李南さん（女性）の会話を聞いて、質問に答えましょう。

DL 126
CD2-34

(1) 李南怎么了？

....

(2) 李南去哪儿了？

....

(3) 医生给了李南什么？

....

講読

DL 127
CD2-35

十一 月 以后， 天气 渐渐 冷起来 了， 很 多 同学 感冒 了。
Shíyī yuè yǐhòu, tiānqì jiànjiàn lěngqǐlai le, hěn duō tóngxué gǎnmào le.

今天 的 汉语 课， 三 个 同学 请假 没 来 学校。 山田 上 个
Jīntiān de Hànyǔ kè, sān ge tóngxué qǐngjià méi lái xuéxiào. Shāntián shàng ge

星期 也 得了 流感， 去 家 附近 的 小 医院 看 医生， 休息了
xīngqī yě déle liúgǎn, qù jiā fùjìn de xiǎo yīyuàn kàn yīshēng, xiūxile

两 三 天 才 好。 以后 应该 多 加 小心。
liǎng sān tiān cái hǎo. Yǐhòu yīnggāi duō jiā xiǎoxīn.

内容理解

講読の内容に関する質問に、中国語で答えましょう。

(1) 今天 的 汉语 课， 几 个 同学 没 来？
Jīntiān de Hànyǔ kè, jǐ ge tóngxué méi lái?

(2) 山田 上 个 星期 得了 什么 病？
Shāntián shàng ge xīngqī déle shénme bìng?

練習 ❷

1 次の日本語を中国語に訳しましょう。

(1) 持つ、携帯する　　　→ ....　(2) 授業が終わる → ....

(3) ひどい、深刻である → ....　(4) 薬を飲む 　　→ ....

(5) リュックサック　　　→ ....　(6) 痛い 　　　　→ ....

2 日本語を参考に、語句を並べ替えましょう。

(1) あなたは宿題をし終えましたか。

【 做 / 把 / 你 / 吗 / 了 / 完 / 作业 / ? 】
 zuò　bǎ　 nǐ　 ma　 le　 wán　zuòyè　 ?

....

(2) 彼は今日少し機嫌が悪い。

【 高兴 / 他 / 不 / 有点儿 / 今天 / 。】
 gāoxìng　 tā　 bù　 yǒudiǎnr　jīntiān　 .

....

(3) 李くんが教室に駆け込んできた。

【 来 / 跑 / 李 / 了 / 教室 / 小 / 进 / 。】
 lái　 pǎo　 Lǐ　 le　 jiàoshì　 xiǎo　 jìn　 .

....

3 次の日本語を中国語に訳しましょう。

(1) 父はもう帰ってきました。

....

(2) 私はその本をまだ読み終えていません。("把"構文で)

....

(3) 今日は天気があまり良くない。

....

目標

・携帯電話やインターネットに関することを表現できる。
・持続を表す"着"と進行表現の違いを把握しよう。

DL 128

CD2-36

新出語句

ポイント

- 墙　qiáng　名 壁
- 挂　guà　動 掛ける
- 着　zhe　助 ～している
- 张　zhāng　量 ～枚
- 地图　dìtú　名 地図
- 女儿　nǚ'ér　名 娘
- 穿　chuān　動 着る
- 白色　báisè　名 白色
- 衬衫　chènshān　名 シャツ、ワイシャツ、ブラウス
- 让　ràng　動 ～させる、～するように言う
- 报纸　bàozhǐ　名 新聞
- 用　yòng　動 使う
- 平板电脑　píngbǎn diànnǎo　名 タブレット PC
- 可以　kěyǐ　助動 ～してもよい
- 抽烟　chōu//yān　動 タバコを吸う

会話

- 社交软件　shèjiāo ruǎnjiàn　ソーシャルアプリ
- LINE　名 ライン
- IG　名 Instagram（インスタグラム）
- 微信　Wēixìn　名 WeChat（ウィーチャット）
- 有时　yǒushí　副 時には

- 朋友圈　péngyouquān　名 （WeChat の）モーメンツ
- 发　fā　動 送信する、出す
- 平时　píngshí　名 ふだん
- 开　kāi　動 （電源を）入れる
- 加　jiā　動 加える
- 扫　sǎo　動 読み取る、スキャンする
- 二维码　èrwéimǎ　名 ２次元コード

講読

- 上　shang　名 ～の中　動 （方向補語）ぴったりくっつく
- 软件　ruǎnjiàn　名 ソフトウェア、アプリ
- 给　gěi　介 ～に
- 短信　duǎnxìn　名 ショートメッセージ
- 重要　zhòngyào　形 重要である
- 总是　zǒngshì　副 いつも
- 上网　shàng//wǎng　動 インターネットに接続する、インターネットをする
- 查　chá　動 調べる
- 资料　zīliào　名 資料
- 不过　búguò　接 でも
- 前　qián　名 前
- 关　guān　動 （電源を）切る

ポイント

DL 129

CD2-37

第
14
課

① 持続を表す"着"

動詞＋"着"

1. 墙上　挂着 一 张 地图。
   Qiángshang guàzhe yì zhāng dìtú.

2. 我 女儿 今天　穿着 一 件 白色 的 衬衫。
   Wǒ nǚ'ér jīntiān chuānzhe yí jiàn báisè de chènshān.

   ▶ 「動詞１＋"着"＋動詞２」で「～して…する」「～しながら…する」を表す。

   3. 我们 走着 去 车站 吧。
      Wǒmen zǒuzhe qù chēzhàn ba.

② 使役文

主語＋"让"＋～＋動詞 「～に…させる」

1. 老师 让 我们 看 报纸。
   Lǎoshī ràng wǒmen kàn bàozhǐ.

否定 "不"や"没(有)"を"让"の前に置く。

2. 哥哥 不 让 我 用 他 的 平板　电脑。
   Gēge bú ràng wǒ yòng tā de píngbǎn diànnǎo.

③ 助動詞"可以"

助動詞"可以"＋動詞 「～してもよい」

1. 你 可以 进 房间　来。
   Nǐ kěyǐ   jìn fángjiān lái.

否定 "不"＋"能"＋動詞 「～してはいけない」

2. 这儿 可以 抽烟 吗? 一这儿 不 能 抽烟。
   Zhèr   kěyǐ chōuyān ma?   —Zhèr bù néng chōuyān.

DL 130

CD2-38

李南さんと高木さんは普段使っている SNS について話をしています。

李南: 你 现在 用 什么 社交 软件?
Nǐ xiànzài yòng shénme shèjiāo ruǎnjiàn?

高木: 我 用 LINE 和 IG。你 呢?
Wǒ yòng LINE hé IG. Nǐ ne?

李南: 我 一般 用 微信。有时 还 在 朋友圈里 发 照片。
Wǒ yìbān yòng Wēixìn. Yǒushí hái zài péngyouquānli fā zhàopiàn.

高木: 让 我 看看 你 发 的 照片。
Ràng wǒ kànkan nǐ fā de zhàopiàn.

李南: 好。你 看,这 是 最近 发 的。
Hǎo. Nǐ kàn, zhè shì zuìjìn fā de.

高木: 真 好看! 你 平时 一直 开着 手机 吗?
Zhēn hǎokàn! Nǐ píngshí yìzhí kāizhe shǒujī ma?

李南: 对。我 可以 加 你 的 LINE 吗?
Duì. Wǒ kěyǐ jiā nǐ de LINE ma?

高木: 可以,你 扫 我 的 二维码 吧。
Kěyǐ, nǐ sǎo wǒ de èrwéimǎ ba.

DL 131

CD2-39

 発音の
ポイント

声調の違いに注意しながら発音しましょう。

(1) 骑车 qí chē — 汽车 qìchē
〈自転車に乗る〉

(2) 韩语 Hányǔ — 汉语 Hànyǔ
〈韓国語〉

(3) 水饺 shuǐjiǎo — 睡觉 shuìjiào
〈水ギョーザ〉

練習 ❶

1 音声を聞き取り、言われた順に番号をふりましょう。

OL 132
CD2-40

( ) 読み取る、スキャンする　　　( ) 2次元コード

( ) WeChat（ウィーチャット）　　( ) ふだん

( ) 送信する、出す　　　　　　　( ) タブレット PC

2 下の語句を使って、質問に答えましょう。

A： 你用什么社交软件？
　　Nǐ yòng shénme shèjiāo ruǎnjiàn？

B： ....

A： 你用社交软件做什么？
　　Nǐ yòng shèjiāo ruǎnjiàn zuò shénme？

B： ....

微信
Wēixìn

·LINE

发照片
fā zhàopiàn

打电话
dǎ diànhuà

2 高木さん（男性）とさん（女性）の会話を聞いて、質問に答えましょう。

OL 133
CD2-41

(1) 高木用什么社交软件？

....

(2) 李南用什么社交软件？

....

(3) 在中国不能用什么社交软件？

....

DL 134

CD2-42

李 南 的 手机上 有 很 多 软件。她 每 天 用 社交 软件
Lǐ Nán de shǒujīshang yǒu hěn duō ruǎnjiàn. Tā měi tiān yòng shèjiāo ruǎnjiàn

给 朋友 发 短信、 打 电话、 看 朋友圈。手机 很 重要, 她
gěi péngyou fā duǎnxìn、 dǎ diànhuà、 kàn péngyouquān. Shǒujī hěn zhòngyào, tā

总是 开着 手机。有时 她 用 手机 上网 查 资料。不过, 上课
zǒngshì kāizhe shǒujī. Yǒushí tā yòng shǒujī shàngwǎng chá zīliào. Búguò, shàngkè

的 时候 不 能 看 手机, 上课 前 老师 让 她们 关上 手机。
de shíhou bù néng kàn shǒujī, shàngkè qián lǎoshī ràng tāmen guānshang shǒujī.

内容理解

講読の内容に関する質問に、中国語で答えましょう。

(1) 李 南 每 天 用 社交 软件 做 什么?
Lǐ Nán měi tiān yòng shèjiāo ruǎnjiàn zuò shénme?

_____

(2) 上课 的 时候 李 南 能 看 手机 吗?
Shàngkè de shíhou Lǐ Nán néng kàn shǒujī ma?

_____

1 次の日本語を中国語に訳しましょう。

(1) タバコを吸う → ....
(2) 地図 → ....

(3) ソフトウェア → ....
(4) インターネットをする → ....

(5) 娘 → ....
(6) 壁 → ....

2 日本語を参考に、語句を並べ替えましょう。

(1) 父は私に車の運転をさせません。

【 我 / 开车 / 爸爸 / 让 / 我 / 不 / 。】
　wǒ　kāichē　bàba　ràng　wǒ　bù　 .

....

(2) 椅子に学生が一人坐っています。

【 个 / 上 / 着 / 学生 / 一 / 椅子 / 坐 / 。】
　ge　shang　zhe　xuésheng　yī　 yǐzi　zuò　 .

....

(3) あなたの二次元コードを読み取ってもいいですか。

【 吗 / 扫 / 的 / 可以 / 我 / 二维码 / 你 / ？】
　ma　sǎo　de　 kěyǐ　wǒ　èrwéimǎ　nǐ　 ?

....

3 次の日本語を中国語に訳しましょう。

(1) 彼女は今日赤いブラウスを着ています。

....

(2) 父は私に新聞を読ませます。

....

(3) あなたは部屋に入ってきてはいけません。

....

DL 135

CD2-43

目標

・クラブ活動について話せる。被害を受けたことを表現できる。
・受け身文の文型を覚えよう。

 新出語句

ポイント

- 被 bèi ［介］〜に…される
- 钱包 qiánbāo ［名］財布
- 偷 tōu ［動］盗む
- 因为 yīnwèi ［接］〜なので
- 所以 suǒyǐ ［接］したがって、だから
- 出去 chūqu ［動］出る
- 事 shì ［名］用事
- 别 bié ［副］〜するな、〜をするのをやめて
- 说话 shuō//huà ［動］話をする

会話

- 怎么 zěnme ［代］どうして
- 对不起 duìbuqǐ すみません
- 睡过头 shuì//guò//tóu 寝過ごす
- 晚 wǎn ［形］遅い
- 下次 xià cì 次回
- 迟到 chídào ［動］遅刻する
- 刚才 gāngcái ［名］先ほど
- 团长 tuánzhǎng ［名］(サークルの) 部長
- 说 shuō ［動］説教する、しかる
- 一定 yídìng ［副］絶対に、必ず
- 注意 zhù//yì ［動］注意する

- 快 kuài ［副］急いで、早く
- 一下 yíxià ちょっと〜する
- 马上 mǎshàng ［副］すぐ
- 比赛 bǐsài ［名］試合
- 好好儿 hǎohāor ［副］よく、ちゃんと
- 知道 zhīdao ［動］知っている、わかる

講読

- 初中 chūzhōng ［名］中学校
- 篮球 lánqiú ［名］バスケットボール
- 多 duō ［数］〜余り
- 有名 yǒumíng ［形］有名である
- 得 dé ［動］得る、獲得する
- 亚军 yàjūn ［名］準優勝
- 上次 shàng cì 前回
- 队员 duìyuán ［名］チームメンバー
- 撞 zhuàng ［動］ぶつかる
- 倒 dǎo ［動］倒れる
- 腿 tuǐ ［名］足 (くるぶしから足のつけ根までの部分)
- 受伤 shòu//shāng ［動］負傷する
- 下个月 xià ge yuè 来月
- 伤心 shāngxīn ［形］悲しむ

 **ポイント**

DL 136

CD2-44

1　受け身文

主語＋"被"（＋〜）＋動詞＋α　「〜に…される」

1. 他 的 自行车 被 他 弟弟 骑走 了。
   Tā de zìxíngchē bèi tā　dìdi　qízǒu　le.

> "被"の後の動作の主体が無い場合もある。

> 2. 我 的 钱包 被 偷 了。
>   Wǒ de qiánbāo bèi tōu le.

2　複文（"因为〜所以…"）

"因为〜所以…"　「〜なので…だ」

1. 因为 天气 不 好，所以 我们 没有 出去。
   Yīnwèi tiānqì bù hǎo,　suǒyǐ wǒmen méiyou chūqu.

> 前後の主語が同じ場合、"因为"は主語の前でも後でもよい。

> 2. 他 因为 有 事，所以 已经 回去 了。
>   Tā yīnwèi yǒu shì,　suǒyǐ　yǐjīng huíqu le.

3　禁止表現（"别〜（了）"）

"别〜（了）"　「〜するな、〜するのをやめて」

1. 你们 别 说话 了。
   Nǐmen bié shuōhuà le.

2. 上课 的 时候，别 睡觉。
   Shàngkè de shíhou,　bié shuìjiào.

 会 話

李南さんと高木さんはテニスサークルに参加しています。

李南:
你 怎么 才 来?
Nǐ zěnme cái lái?

高木:
对不起。因为 我 睡过头 了,所以 来晚 了。
Duìbuqǐ. Yīnwèi wǒ shuìguòtóu le, suǒyǐ láiwǎn le.

李南:
下 次 别 再 迟到 了。
Xià cì bié zài chídào le.

高木:
刚才 我 被 团长 说 了。以后 我 一定 注意。
Gāngcái wǒ bèi tuánzhǎng shuō le. Yǐhòu wǒ yídìng zhùyì.

李南:
快 准备 一下 吧。
Kuài zhǔnbèi yíxià ba.

高木:
好,我 马上 换 衣服。
Hǎo, wǒ mǎshàng huàn yīfu.

李南:
这个 周末 有 比赛,我们 好好儿 练习 吧。
Zhège zhōumò yǒu bǐsài, wǒmen hǎohāor liànxí ba.

高木:
我 知道 了。
Wǒ zhīdao le.

 発音の ポイント

「第二声＋第一声」と「第四声＋第一声」の単語を、声調に注意しながら発音しましょう。

(1) 毛衣 máoyī — 大衣 dàyī
〈セーター〉 〈コート〉

(2) 南瓜 nánguā — 木瓜 mùguā
〈カボチャ〉 〈パパイヤ〉

(3) 红灯 hóngdēng — 绿灯 lǜdēng
〈赤信号〉 〈青信号〉

練習 ①

1 音声を聞き取り、言われた順に番号をふりましょう。

DL 139
CD2-47

( ) 先ほど　　　　　　　　( ) すぐ

( ) 遅刻する　　　　　　　( ) 注意する

( ) 試合　　　　　　　　　( ) どうして

2 下の語句を使って、質問に答えましょう。

A： 你参加了什么社团？
Nǐ cānjiāle shénme shètuán?

B： ....

A： 你们什么时候有比赛？
Nǐmen shénme shíhou yǒu bǐsài?

B： ....

网球
wǎngqiú

游泳
yóuyǒng

这个周末
zhège zhōumò

下个月
xià ge yuè

3 高木さん（男性）と李南さん（女性）の会話を聞いて、質問に答えましょう。

DL 140
D2-48

(1) 高木被谁说了？

....

(2) 高木今天怎么了？

....

(3) 什么时候有比赛？

....

DL 141
CD2-49

山田 从 初中 开始 打 篮球， 现在 已经 六 年 多 了。
Shāntián cóng chūzhōng kāishǐ dǎ lánqiú, xiànzài yǐjīng liù nián duō le.

他们 大学 的 篮球 社团 很 有名， 去年 得了 全国 大赛 的
Tāmen dàxué de lánqiú shètuán hěn yǒumíng, qùnián déle quánguó dàsài de

亚军。 上 次 社团 活动， 练习 的 时候 他 被 队员 撞倒 了。
yàjūn. Shàng cì shètuán huódòng, liànxí de shíhou tā bèi duìyuán zhuàngdǎo le.

因为 腿 受伤 了， 所以 不 能 参加 下 个 月 的 比赛 了。
Yīnwèi tuǐ shòushāng le, suǒyǐ bù néng cānjiā xià ge yuè de bǐsài le.

他 很 伤心。
Tā hěn shāngxīn.

内容理解 ....

講読の内容に関する質問に、中国語で答えましょう。

(1) 山田 的 社团 去年 得了 什么?
Shāntián de shètuán qùnián déle shénme?

_____

(2) 山田 的 腿 怎么 了?
Shāntián de tuǐ zěnme le?

_____

1 次の日本語を中国語に訳しましょう。

(1) 知っている、わかる → ＿＿＿＿＿＿＿ (2) すみません → ＿＿＿＿＿＿＿

(3) 話をする → ＿＿＿＿＿＿＿ (4) 財布 → ＿＿＿＿＿＿＿

(5) クラブ活動 → ＿＿＿＿＿＿＿ (6) バスケットボールをする → ＿＿＿＿＿

2 日本語を参考に、語句を並べ替えましょう。

(1) 私のケーキは弟に食べられました。

【 弟弟 / 了 / 的 / 吃 / 蛋糕 / 被 / 我 / 。】
　　dìdi　　le　　de　　chī　dàngāo　bèi　　wǒ　　.

＿＿＿＿＿＿＿＿＿＿＿＿＿＿＿＿＿＿＿＿＿＿＿

(2) 彼女は体調がすぐれないので、家に帰りました。

【 家 / 舒服 / 她 / 回 / 身体 / 了 / 不 / 因为 / 所以 / , / 。】
　　jiā　shūfu　tā　huí　shēntǐ　le　bù　yīnwèi　suǒyǐ　,　.

＿＿＿＿＿＿＿＿＿＿＿＿＿＿＿＿＿＿＿＿＿＿＿

(3) もう電話しないでください。

【 电话 / 打 / 了 / 再 / 别 / 。】
　　diànhuà　dǎ　le　zài　bié　.

＿＿＿＿＿＿＿＿＿＿＿＿＿＿＿＿＿＿＿＿＿＿＿

3 次の日本語を中国語に訳しましょう。

(1) 焦らないでください。

＿＿＿＿＿＿＿＿＿＿＿＿＿＿＿＿＿＿＿＿＿＿＿

(2) 私はさっき先生に叱られました。

＿＿＿＿＿＿＿＿＿＿＿＿＿＿＿＿＿＿＿＿＿＿＿

(3) 財布を盗まれたので、私はお金を持っていません。

＿＿＿＿＿＿＿＿＿＿＿＿＿＿＿＿＿＿＿＿＿＿＿

第16課 将来の夢・目標

目標

- 将来の夢や目標を表現できる。
- 可能補語の形式を覚えよう。

新出語句

DL 142
CD2-50

ポイント

- 快要 kuàiyào 副 もうすぐ
- 放假 fàng//jià 動 休みになる
- 要 yào 助動 もうすぐ～となる
- 结婚 jié//hūn 動 結婚する
- 快 kuài 副 もうすぐ
- 就要 jiùyào 副 もうすぐ
- 毕业 bì//yè 動 卒業する
- 又 yòu 副 また
- 玩儿 wánr 動 遊ぶ
- 路 lù 名 道
- 太 tài 副 ～すぎる
- 窄 zhǎi 形 幅が狭い
- 开 kāi 動 運転する
- 进去 jìnqu 動 (方向補語) 入っていく

会話

- 到 dào 動 到達する
- 学期 xuéqī 名 学期
- 末 mò 名 末

考试 kǎo//shì 動 試験を受ける
- 黄 Huáng 黄 (人名)
- 有意思 yǒu yìsi おもしろい
- 明年 míngnián 名 来年
- 年 nián 名 年
- 为什么 wèi shénme なぜ

講読

- 放寒假 fàng hánjià 冬休みになる
- 过 guò 動 過ぎる
- 时 shí 名 時
- 留学 liú//xué 動 留学する
- 理想 lǐxiǎng 名 理想
- 学好 xué//hǎo マスターする
- 将来 jiānglái 名 将来
- 和 hé 介 ～と

練習

- 经济 jīngjì 名 経済

ポイント

DL 143

CD2-51

1 近接未来を表す表現

"快要〜了"、"要〜了" 「もうすぐ〜だ」

1. 快要 放假 了。
   Kuàiyào fàngjià le.

2. 他们 要 结婚 了。
   Tāmen yào jiéhūn le.

▶ "快〜了"、"就要〜了" という表現もある。

3. 快 十二点 了。
   Kuài shí'èr diǎn le.

4. 他们 下 个 月 就要 毕业 了。
   Tāmen xià ge yuè jiùyào bìyè le.

2 副詞 "又" と "再"

"又" はすでに実現したことに使う。

1. 他 昨天 又 迟到 了。
   Tā zuótiān yòu chídào le.

"再" はまだ実現していないことに使う。

2. 你 明天 再 来 玩儿 吧。
   Nǐ míngtiān zài lái wánr ba.

3 可能補語

動詞＋"得・不"＋結果補語／方向補語

1. 你 听得懂 老师 的 汉语 吗？
   Nǐ tīngdedǒng lǎoshī de Hànyǔ ma?

2. 我 今天 看不完 这 本 书。
   Wǒ jīntiān kànbuwán zhè běn shū.

3. 路 太 窄，汽车 开不进去。
   Lù tài zhǎi, qìchē kāibujìnqu.

第16課

会 話

李南さんと高木さんは今学期一番好きな科目について話をしています。

CD2-52

李南：快要 到 学期 末 了！
Kuàiyào dào xuéqī mò le!

高木：是 啊，又 要 考试 了！
Shì a, yòu yào kǎoshì le!

李南：这个 学期，你 最 喜欢 什么 课？
Zhège xuéqī, nǐ zuì xǐhuan shénme kè?

高木：汉语 课。黄 老师 的 课 非常 有意思。
Hànyǔ kè. Huáng lǎoshī de kè fēicháng yǒuyìsi.

李南：我 也 喜欢 黄 老师。
Wǒ yě xǐhuan Huáng lǎoshī.

高木：明年 我 想 再 学习 一 年 汉语。
Míngnián wǒ xiǎng zài xuéxí yì nián Hànyǔ.

李南：为 什么？
Wèi shénme?

高木：因为 我 现在 还 听不懂，说不好。
Yīnwèi wǒ xiànzài hái tīngbudǒng, shuōbuhǎo.

DL 145
CD2-53

発音の
ポイント

「第二声＋第二声」と「第三声＋第二声」の単語を、声調に注意しながら発音しましょう。

(1) 食堂 shítáng — 礼堂 lǐtáng
〈ホール、講堂〉

(2) 足球 zúqiú — 网球 wǎngqiú

(3) 红茶 hóngchá — 奶茶 nǎichá
〈ミルクティー〉

練習 ❶

1 音声を聞き取り、言われた順に番号をふりましょう。

DL 146
CD2-54

( ) おもしろい	( ) もうすぐ
( ) 冬休み	( ) なぜ
( ) 遊ぶ	( ) 学期

2 下の語句を使って、質問に答えましょう。

A: 你最喜欢谁的课？
Nǐ zuì xǐhuan shéi de kè?

B: _____

A: 明年你想学什么？
Míngnián nǐ xiǎng xué shénme?

B: _____

王老师	本田老师	英语	经济
Wáng lǎoshī	Běntián lǎoshī	Yīngyǔ	jīngjì

3 高木さん（男性）と李南さん（女性）の会話を聞いて、質問に答えましょう。

DL 147
CD2-55

(1) 李南学了多长时间英语？

_____

(2) 大学的英语课怎么样？

_____

(3) 李南明年打算学什么？

_____

DL 148

CD2-56

快要 放 寒假 了， 时间 过得 真 快。 高木 已经 学了
Kuàiyào fàng hánjià le, shíjiān guòde zhēn kuài. Gāomù yǐjīng xuéle

一 年 汉语 了，不过 现在 还 听不懂，说不好。 他 打算 明年
yì nián Hànyǔ le, búguò xiànzài hái tīngbudǒng, shuōbuhǎo. Tā dǎsuan míngnián

再 学 一 年 汉语， 暑假 时 去 中国 留学。 他 的 理想 是
zài xué yì nián Hànyǔ, shǔjià shí qù Zhōngguó liúxué. Tā de lǐxiǎng shì

学好 汉语， 将来 做 和 中国 有 关系 的 工作。
xuéhǎo Hànyǔ, jiānglái zuò hé Zhōngguó yǒu guānxi de gōngzuò.

内容理解

講読の内容に関する質問に、中国語で答えましょう。

(1) 高木 学了 多 长 时间 汉语 了?
Gāomù xuéle duō cháng shíjiān Hànyǔ le?

_____

(2) 高木 明年 暑假 打算 做 什么?
Gāomù míngnián shǔjià dǎsuan zuò shénme?

_____

1 次の日本語を中国語に訳しましょう。

(1) 遊ぶ　　　　　→ ....　　(2) 入っていく → ....

(3) マスターする → ....　　(4) 将来　　　　→ ....

(5) 休みになる　 → ....　　(6) 卒業する　 → ....

2 日本語を参考に、語句を並べ替えましょう。

(1) あなたは今日の宿題を終わらせられますか。

【 完 / 今天 / 的 / 做 / 你 / 吗 / 得 / 作业 / ？】
　 wán jīntiān　de　zuò　nǐ　ma　de　zuòyè　?

....

(2) 彼らは来月結婚します。

【 就要 / 下个月 / 了 / 结婚 / 他们 / 。】
　 jiùyào　xià ge yuè　le　jiéhūn　tāmen　.

....

(3) 私たちがわかっていないので、先生はもう一度説明しました。

【 又 / 老师 / 听 / 一遍 / 我们 / 懂 / 说 / 没 / 了 / , / 。】
　 yòu　lǎoshī　tīng　yíbiàn　wǒmen　dǒng shuō méi　le　,　.

....

3 次の日本語を中国語に訳しましょう。

(1) 姉はもうすぐ卒業します。

....

(2) 黄先生の話を私は聞き取ることができません。

....

(3) 私はまた中国に遊びに行きたいです。

....

DL 149
CD2-57

1 次の語句の音声を聞き，発音練習して覚えましょう。

工程师
gōngchéngshī
エンジニア

保育员
bǎoyùyuán
保育士

个体户
gètǐhù
自営業

公务员
gōngwùyuán
公務員

公司 职员
gōngsī zhíyuán
サラリーマン

计时 工人
jìshí gōngrén
パートタイマー

家庭 主妇
jiātíng zhǔfù
専業主婦

老师
lǎoshī
先生

 DL 150
CD2-58

2 次の文を音読し，日本語に訳しましょう。

① 我叫金东国。我是韩国人，是大学生。我爸爸是老师。
Wǒ jiào Jīn Dōngguó. Wǒ shì Hánguórén, shì dàxuéshēng. Wǒ bàba shì lǎoshī.

② 我叫麦克。我是美国人，是高中生。我妈妈是公司职员。
Wǒ jiào Màikè. Wǒ shì Měiguórén, shì gāozhōngshēng. Wǒ māma shì gōngsī zhíyuán.

*爸爸 bàba 名 お父さん　　麦克 Màikè マイク（人名）　　美国人 Měiguórén 名 アメリカ人
高中生 gāozhōngshēng 名 高校生　　妈妈 māma 名 お母さん

3 2の文章の内容を日本語でまとめましょう。

名前	国籍	身分	父や母の職業
金东国			
麦克			

1 イラストの人物の名前，国籍，職業を紹介しましょう。

A

木下惠子 Mùxià Huìzǐ
日本人 Rìběnrén
公务员 gōngwùyuán

B

李力宏 Lǐ Lìhóng
中国人 Zhōngguórén
公司职员 gōngsī zhíyuán

例：他姓高木，叫高木和也。他是日本人。他是大学生。
　　Tā xìng Gāomù, jiào Gāomù Héyě. Tā shì Rìběnrén. Tā shì dàxuéshēng.

2 自己紹介の文章を作成して発表しましょう。

我　姓 ＿＿＿＿＿＿＿，　叫 ＿＿＿＿＿＿＿＿。我　是　日本人，
Wǒ xìng 　　　　　　　，　jiào 　　　　　　　　． Wǒ shì Rìběnrén,

是　大学生。　爸爸 / 妈妈　是 ＿＿＿＿＿＿＿＿＿。
shì dàxuéshēng.　Bàba / Māma　shì 　　　　　　　　．

3 クラスメートに名前と家族の職業をインタビューして，中国語でまとめましょう。

① A：你 叫 什么 名字？
　　　Nǐ jiào shénme míngzi?

　 B：＿＿＿＿＿＿＿＿＿＿＿＿＿＿＿＿＿＿＿＿＿＿＿＿＿＿＿＿＿＿。

② A：你 爸爸 / 妈妈 是 老师 吗？
　　　Nǐ bàba / māma shì lǎoshī ma?

　 B：是 / 不，爸爸 / 妈妈 是 ＿＿＿＿＿＿＿＿＿＿＿＿＿＿＿＿。
　　　Shì / Bù, bàba / māma shì

名字 míngzi （名前）	爸爸妈妈的职业 bàba māma de zhíyè （父や母の職業）

DL 151

CD2-59

1 次の語句の音声を聞き，発音練習して覚えましょう。

麻婆豆腐
mápódòufu
麻婆豆腐

饺子
jiǎozi
ギョーザ

汉堡包
hànbǎobāo
ハンバーガー

香肠
xiāngcháng
ソーセージ

乌龙茶
wūlóngchá
ウーロン茶

珍珠奶茶
zhēnzhū nǎichá
タピオカミルクティー

橙汁
chéngzhī
オレンジジュース

啤酒
píjiǔ
ビール

DL 152

CD2-60

2 次の文を音読し，日本語に訳しましょう。

① 李南是中国人。她吃麻婆豆腐和饺子，喝乌龙茶。
　　Lǐ Nán shì Zhōngguórén. Tā chī mápódòufu hé jiǎozi, hē wūlóngchá.

② 爱玛是德国人。她吃汉堡包和香肠，喝啤酒。
　　Àimǎ shì Déguórén. Tā chī hànbǎobāo hé xiāngcháng, hē píjiǔ.

＊爱玛 Àimǎ エマ（人名）　　德国人 Déguórén 名 ドイツ人

3 2の文章の内容を日本語でまとめましょう。

名前	国籍	食べるもの	飲むもの
李南			
爱玛			

112

1 イラストの食べものや飲みものの名前を中国語で紹介しましょう。

例：这（那）是 _____。
Zhè（Nà) shì

A _____　　B _____

C _____　　D _____

2 イラストの人物が，何を食べて，何を飲むのかを中国語で表現しましょう。

例：他 / 她 是 _____。他 / 她 吃 _____，喝 _____。
　　Tā / Tā shì 　　 .　Tā / Tā chī 　　 , hē 　　 .

铃木 _____

李南 _____

3 クラスメートが食べるもの・飲むものを聞き，中国語でまとめましょう。

① A： 你 吃 什么?　　B：_____。
　　 Nǐ chī shénme?

② A： 你 喝 什么?　　B：_____。
　　 Nǐ hē shénme?

名字 míngzi （名前）	食物 shíwù （食べ物）	饮料 yǐnliào （飲み物）

DL 153
CD2-61

1 次の語句の音声を聞き，発音練習して覚えましょう。

暖和
nuǎnhuo
暖かい

闷热
mēnrè
蒸し暑い

东京
Dōngjīng
東京

大阪
Dàbǎn
大阪

春天
chūntiān
春

夏天
xiàtiān
夏

秋天
qiūtiān
秋

冬天
dōngtiān
冬

 DL 154
 CD2-62

2 次の文を音読し，日本語に訳しましょう。

① 今天的气温不太高，很凉快。
　Jīntiān de qìwēn bú tài gāo, hěn liángkuai.

② 今天的气温很高，非常闷热。
　Jīntiān de qìwēn hěn gāo, fēicháng mēnrè.

③ 今天的气温很低，非常冷。
　Jīntiān de qìwēn hěn dī, fēicháng lěng.

*低 dī 形 低い

3 2 の文章の内容を日本語でまとめましょう。

	気温	気候
①		
②		
③		

1 例にならって，天気の様子を紹介しましょう。

例：	A	B	C
暖和	凉快	热	冷
nuǎnhuo	liángkuai	rè	lěng
18 度	20 度	35 度	8 度
shíbā dù	èrshí dù	sānshiwǔ dù	bā dù

例：今天很暖和，18 度。
　　Jīntiān hěn nuǎnhuo, shíbā dù.

*度 dù 量 ～度

A _____　　B _____

C _____

2 次の質問に中国語で答えましょう。

A：春天的天气怎么样？　　　　B：_____
　　Chūntiān de tiānqì zěnmeyàng?

A：夏天的气温怎么样？　　　　B：_____
　　Xiàtiān de qìwēn zěnmeyàng?

A：秋天的天气怎么样？　　　　B：_____
　　Qiūtiān de tiānqì zěnmeyàng?

A：冬天的气温怎么样？　　　　B：_____
　　Dōngtiān de qìwēn zěnmeyàng?

3 イラストを見てクラスメートと会話しましょう。

A：_____的天气怎么样？　　B：_____。
　　　　de tiānqì zěnmeyàng?

东京 Dōngjīng（東京）	大阪 Dàbǎn（大阪）	京都 Jīngdū（京都）	横滨 Héngbīn（横浜）

115

1 次の語句の音声を聞き，発音練習して覚えましょう。

DL 155
CD2-63

哥哥
gēge
兄

弟弟
dìdi
弟

姐姐
jiějie
姉

妹妹
mèimei
妹

爷爷
yéye
（父方の）祖父

奶奶
nǎinai
（父方の）祖母

老爷
lǎoye
（母方の）祖父

姥姥
lǎolao
（母方の）祖母

2 次の文を音読し，日本語に訳しましょう。

DL 156
CD2-64

① 　铃木是大学二年级的学生，今年二十岁。她有一个
哥哥，哥哥比她大四岁。哥哥是公务员。

　Língmù shì dàxué èr niánjí de xuésheng, jīnnián èrshí suì. Tā
yǒu yí ge gēge, gēge bǐ tā dà sì suì. Gēge shì gōngwùyuán.

② 　爱玛是大学三年级的学生，今年二十一岁。她有两
个妹妹，一个妹妹比她小三岁，一个妹妹比她小五岁。
她的两个妹妹都是高中生。

　Àimǎ shì dàxué sān niánjí de xuésheng, jīnnián èrshiyī suì. Tā
yǒu liǎng ge mèimei, yí ge mèimei bǐ tā xiǎo sān suì, yí ge mèimei bǐ
tā xiǎo wǔ suì. Tā de liǎng ge mèimei dōu shì gāozhōngshēng.

*铃木 Língmù 鈴木(人名)

3 2 の文章の内容を日本語でまとめましょう。

名前	学年	年齢	兄弟の年齢
铃木			
爱玛			

1 例にならって，中国語で表現しましょう。

例：   A   B

我 十八岁   铃木 二十岁   麦克 十七岁
wǒ shíbā suì   Língmù èrshí suì   Màikè shíqī suì

妹妹 十岁   哥哥 二十四岁   姐姐 二十岁
mèimei shí suì   gēge èrshisì suì   jiějie èrshí suì

例：<u>我有一个妹妹，她比我小八岁。</u>
　　Wǒ yǒu yí ge mèimei, tā bǐ wǒ xiǎo bā suì.

A _____

B _____

2 自己紹介の文章を作って発表しましょう。

我 叫 _____。我 是 大学 _____ 年级 的 学生， 今年 _____ 岁。
Wǒ jiào   . Wǒ shì dàxué   niánjí de xuésheng, jīnnián   suì.

我 有 _____、_____、_____（兄弟）/ 我 没有 兄弟姐妹。
Wǒ yǒu   、   、   / Wǒ méiyou xiōngdì jiěmèi.

3 下の質問を使って，クラスメートにインタビューし，中国語でまとめましょう。

① A：你叫什么名字？   B：_____。
　　Nǐ jiào shénme míngzi?

② A：你多大？   B：_____。
　　Nǐ duō dà?

③ A：你有兄弟姐妹吗？   B：_____。
　　Nǐ yǒu xiōngdì jiěmèi ma?

④ A：你姐姐 / 妹妹 哥哥 / 弟弟多大？ B：_____。
　　Nǐ jiějie / mèimei / gēge / dìdi duō dà?

名字 míngzi （名前）	年龄 niánlíng （年齢）	兄弟姐妹的有无 xiōngdì jiěmèi de yǒu wú （兄弟の有無）	兄弟姐妹的年龄 xiōngdì jiěmèi de niánlíng （兄弟の年齢）

1 次の語句の音声を聞き，発音練習して覚えましょう。

DL 157
CD2-65

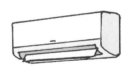

床 chuáng ベッド 　　shūjià 本棚 　　柜子 guìzi 戸棚 　　空调 kōngtiáo エアコン

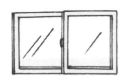

门 mén ドア 　　窗户 chuānghu 窓 　　挂钟 guàzhōng 掛け時計 　　电视 diànshì テレビ

2 次の文を音読し，日本語に訳しましょう。

DL 158
CD2-66

① 李南的房间里有一张床、一张桌子、一个书架。床在窗户前边，桌子在床旁边，书架在桌子后边。

Lǐ Nán de fángjiānli yǒu yì zhāng chuáng、yì zhāng zhuōzi、yí ge shūjià. Chuáng zài chuānghu qiánbian, zhuōzi zài chuáng pángbiān, shūjià zài zhuōzi hòubian.

② 高木的房间里有一张床、一个柜子、一个挂钟、一台电视。床在门左边，柜子在门右边，电视在窗户旁边，挂钟在窗户上边。

Gāomù de fángjiānli yǒu yì zhāng chuáng、yí ge guìzi、yí ge guàzhōng、yì tái diànshì. Chuáng zài mén zuǒbian, guìzi zài mén yòubian, diànshì zài chuānghu pángbiān, guàzhōng zài chuānghu shàngbian.

*张 zhāng 量 ～台（広い表面のあるものを数える）　前边(儿) qiánbian(r) 名 前　后边(儿) hòubian(r) 名 後ろ

台 tái 量 ～台（機械を数える）　右边(儿) yòubian(r) 名 右　上边(儿) shàngbian(r) 名 上

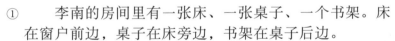

3 2の文章の内容を日本語でまとめましょう。

名前	部屋にあるもの	ベッドの位置
李南		
高木		

1 例にならって，部屋の中の様子を紹介しましょう。

例：　　　　　　　　A　　　　　　　　B

床　　　　　　　书架　　　　　　椅子
chuáng　　　　　shūjià　　　　　yǐzi

对面儿　　　　　左边儿　　　　旁边儿
duìmiànr　　　　zuǒbianr　　　pángbiānr

例：房间里有床，床在桌子对面儿。
　　Fángjiānli yǒu chuáng, chuáng zài zhuōzi duìmiànr.

A _____　　B _____

2 自分の部屋の様子を紹介する文章を作成して発表しましょう。

我 的 房间 _____（很 大 / 不 大）。房间里 有 _____、
Wǒ de fángjiān　　　　　　　（hěn dà / bú dà).　　Fángjiānli yǒu　　　　　　　　、

_____、_____。桌子 在 _____ 的 _____。
　　　　　　、　　　　　　. Zhuōzi zài　　　　　　　de　　　　　　　.

3 以下の質問を使って，クラスメートの部屋の様子を中国語でまとめましょう。

① A：你的房间大不大？　B：_____。
　　Nǐ de fángjiān dà bu dà?

② A：你的房间里有桌子吗？桌子在哪儿？　B：_____。
　　Nǐ de fángjiānli yǒu zhuōzi ma? Zhuōzi zài nǎr?

③ A：你的房间里有椅子吗？椅子在哪儿？　B：_____。
　　Nǐ de fángjiānli yǒu yǐzi ma? Yǐzi zài nǎr?

④ A：你的房间里有床吗？床在哪儿？　B：_____。
　　Nǐ de fángjiānli yǒu chuáng ma? Chuáng zài nǎr?

名字 míngzi （名前）	房间大小 fángjiān dàxiǎo （部屋の大小）	桌子的有无、位置 zhuōzi de yǒu wú、wèizhì （机の有無と場所）	椅子的有无、位置 yǐzi de yǒu wú、wèizhì （椅子の有無と場所）	床的有无、位置 chuáng de yǒu wú、wèizhì （ベッドの有無と場所）

DL 159
CD2-67

1 次の語句の音声を聞き，発音練習して覚えましょう。

超市
chāoshì
スーパーマーケット

餐厅
cāntīng
レストラン

咖啡馆
kāfēiguǎn
カフェ

快餐店
kuàicāndiàn
ファストフード店

面包店
miànbāodiàn
パン屋

药妆店
yàozhuāngdiàn
ドラッグストア

饭店
fàndiàn
ホテル

补习班
bǔxíbān
塾

 DL 160
CD2-68

2 次の文を音読し，日本語に訳しましょう。

① 　铃木在餐厅打工，那个餐厅在大阪站附近，有很多客人。她星期二、星期五和星期六打工。

Língmù zài cāntīng dǎgōng, nàge cāntīng zài Dàbǎnzhàn fùjìn, yǒu hěn duō kèrén. Tā xīngqī'èr、xīngqīwǔ hé xīngqīliù dǎgōng.

② 　王静在药妆店打工。那个药妆店在京都站的附近，有很多中国客人。她一般平日打工。

Wáng Jìng zài yàozhuāngdiàn dǎgōng. Nàge yàozhuāngdiàn zài Jīngdūzhàn de fùjìn, yǒu hěn duō Zhōngguó kèrén. Tā yìbān píngrì dǎgōng.

＊大阪站 Dàbǎnzhàn 名 大阪駅　　星期二 xīngqī'èr 名 火曜日　　京都站 Jīngdūzhàn 名 京都駅
平日 píngrì 名 平日

3 2の文章の内容を日本語でまとめましょう。

名前	アルバイト先	アルバイトをする日
铃木		
王静		

1 例にならって，アルバイト先を紹介しましょう。

例：

面包店
miànbāodiàn

星期一
xīngqīyī

一千日元
yìqiān Rìyuán

A

咖啡馆
kāfēiguǎn

星期三
xīngqīsān

九百日元
jiǔbǎi Rìyuán

B

补习班
bǔxíbān

星期六
xīngqīliù

两千日元
liǎngqiān Rìyuán

例：我在<u>面包店</u>打工。我星期<u>一</u>打工。一个小时<u>一千日元</u>。

Wǒ zài miànbāodiàn dǎgōng. Wǒ xīngqīyī dǎgōng. Yí ge xiǎoshí yìqiān Rìyuán.

＊星期一 xīngqīyī 名 月曜日

A _____

B _____

2 自分のアルバイトを紹介する文章を作成して発表しましょう。

我 在 _____ 打工，一 个 小时 _____ 日元。 我 星期

Wǒ zài　　　　　　dǎgōng, yí ge xiǎoshí　　　　　Rìyuán. Wǒ xīngqī

_____ 、星期 _____ 打工。 工作 (很 累 / 不 累)。

　　　　、xīngqī　　　　　dǎgōng. Gōngzuò (hěn lèi / bú lèi).

3 下の質問を使って，クラスメートにインタビューし，中国語でまとめましょう。

① A： 你在哪儿打工？　　B：_____。
　　Nǐ zài nǎr dǎgōng?

② A： 一个小时多少钱？　B：_____。
　　Yí ge xiǎoshí duōshao qián?

③ A： 你星期几打工？　　B：_____。
　　Nǐ xīngqī jǐ dǎgōng?

名字 míngzi （名前）	工作单位 gōngzuò dānwèi （アルバイト先）	钟点工资 zhōngdiǎn gōngzī （時給）	星期几 xīngqī jǐ （曜日）

121

DL 161

CD2-69

1 次の語句の音声を聞き，発音練習して覚えましょう。

汽车
qìchē
自動車

地铁
dìtiě
地下鉄

公交车
gōngjiāochē
路線バス

出租车
chūzūchē
タクシー

摩托车
mótuōchē
オートバイ

新干线
Xīngànxiàn
新幹線

飞机
fēijī
飛行機

船
chuán
船

DL 162

CD2-70

2 次の文を音読し，日本語に訳しましょう。

① 铃木的家在神户。她家离大学很远。她每天六点半出门。她坐一个半小时电车。

Língmù de jiā zài Shénhù. Tā jiā lí dàxué hěn yuǎn. Tā měi tiān liù diǎn bàn chūmén. Tā zuò yí ge bàn xiǎoshí diànchē.

② 山田的家在京都。他每天七点出门。他先坐一个小时电车，然后坐十五分钟公交车。从他家到大学一共要一个小时十五分钟。

Shāntián de jiā zài Jīngdū. Tā měi tiān qī diǎn chūmén. Tā xiān zuò yí ge xiǎoshí diànchē, ránhòu zuò shíwǔ fēnzhōng gōngjiāochē. Cóng tā jiā dào dàxué yígòng yào yí ge xiǎoshí shíwǔ fēnzhōng.

＊神户 Shénhù 名 神戸

3 2 の文章の内容を日本語でまとめましょう。

名前	家の場所	大学までの交通手段	大学までの所要時間
铃木			
山田			

1 例にならって，交通手段を紹介しましょう。

例：　　　　　　　　A　　　　　　　　　B
出租车　　　　　　新干线　　　　　　公交车
chūzūchē　　　　Xīngànxiàn　　　gōngjiāochē
十分钟　　　　　　一个小时　　　　　半个小时
shí fēnzhōng　　yí ge xiǎoshí　　bàn ge xiǎoshí

我坐<u>出租车</u>，要<u>十分钟</u>。
Wǒ zuò chūzūchē, yào shí fēnzhōng.

A _____

B _____

2 自分の通学について紹介する文章を作成して発表しましょう。

我 家 在 _____。我 家 离 大学（很 远 / 不 太 远）。我 每 天 _____
Wǒ jiā zài　　　　　. Wǒ jiā lí dàxué (hěn yuǎn / bú tài yuǎn). Wǒ měi tiān

点 出门。先 _____，然后 _____。从 我 家 到 大学 要 _____。
diǎn chūmén. Xiān　　　, ránhòu　　　. Cóng wǒ jiā dào dàxué yào　　　　　.

3 下の質問を使って，クラスメートにインタビューし，中国語でまとめましょう。

① A：你家在哪儿？　　　　B：_____。
　　Nǐ jiā zài nǎr?

② A：你怎么来学校？　　　　B：_____。
　　Nǐ zěnme lái xuéxiào?

③ A：从你家到大学要多长时间？　　B：_____。
　　Cóng nǐ jiā dào dàxué yào duō cháng shíjiān?

名字 míngzi （名前）	地点 dìdiǎn （家の場所）	交通手段 jiāotōng shǒuduàn （交通手段）	需要时间 xūyào shíjiān （所要時間）

123

DL 163
CD2-71

1 次の語句の音声を聞き，発音練習して覚えましょう。

白色
báisè
白色

黑色
hēisè
黒色

蓝色
lánsè
青色

黄色
huángsè
黄色

橙色
chéngsè
だいだい色

粉红色
fěnhóngsè
ピンク色

紫色
zǐsè
紫色

棕色
zōngsè
茶色

DL 164
CD2-72

2 次の文を音読し，日本語に訳しましょう。

① 　今天李南在网上买了一个苹果的手机，是粉红色的。
价钱是十四万八千日元，比店里的便宜一万日元。

　　Jīntiān Lǐ Nán zài wǎngshang mǎile yí ge Píngguǒ de shǒujī,
shì fěnhóngsè de. Jiàqián shì shísìwàn bāqiān Rìyuán, bǐ diànli de
piányi yíwàn Rìyuán.

② 　今天金东国在优衣库买了两件 T 恤，一件是白色的、
另一件是蓝色的。一共只要一千五百日元，非常便宜。

　　Jīntiān Jīn Dōngguó zài Yōuyīkù mǎile liǎng jiàn Txù, yí jiàn
shì báisè de、lìng yí jiàn shì lánsè de. Yígòng zhǐ yào yìqiān wǔbǎi
Rìyuán, fēicháng piányi.

*优衣库 Yōuyīkù　ユニクロ（店名）　　T 恤 Txù 图 T シャツ　　件 jiàn 量 ～着（衣類［主に上着］を数える）
另 lìng 代 ほかの

3 2 の文章の内容を日本語でまとめましょう。

名前	買ったもの	数量	色	値段
李南				
金东国				

124

1 例にならって，買いたいものを伝えましょう。

例：　　　　　　　　　A　　　　　　　　B

手机　　　　　　　鞋　　　　　　帽子
shǒujī　　　　　　xié　　　　　　màozi

白色　　　　　　　黑色　　　　　红色
báisè　　　　　　hēisè　　　　　hóngsè

我想买<u>手机</u>。我想买<u>白色</u>的。
Wǒ xiǎng mǎi shǒujī. Wǒ xiǎng mǎi báisè de.

A _____

B _____

2 自分の買い物について紹介する文章を作成して発表しましょう。

我 星期 _____ 买了 _____ 个 _____。我 喜欢 _____色。
Wǒ xīngqī　　　　　mǎile　　　　ge　　　　　. Wǒ xǐhuan　　　　sè.

我 买了 _____色 的 _____，花了 _____ 日元。
Wǒ mǎile　　　sè de　　　　　, huāle　　　　Rìyuán.

3 下の質問を使って，クラスメートにインタビューし，中国語でまとめましょう。

① A：你买什么了？　　　　　B：_____。
　　Nǐ mǎi shénme le?

② A：那是什么颜色的？　　　B：_____。
　　Nà shì shénme yánsè de?

③ A：你花了多少钱？　　　　B：_____。
　　Nǐ huāle duōshao qián?

名字 míngzi （名前）	东西 dōngxi （買ったもの）	颜色 yánsè （色）	价钱 jiàqián （値段）

125

DL 165
CD2-73

1 次の語句の音声を聞き，発音練習して覚えましょう。

沖绳
Chōngshéng
沖縄

横滨
Héngbīn
横浜

名古屋
Mínggǔwū
名古屋

金阁寺
Jīngésì
金閣寺

富士山
Fùshìshān
富士山

环球影城
Huánqiúyǐngchéng
ユニバーサルスタジオ

迪士尼乐园
Díshìnílèyuán
ディズニーランド

东京晴空塔
Dōngjīngqíngkōngtǎ
東京スカイツリー

DL 166
CD2-74

2 次の文を音読し，日本語に訳しましょう。

① 今年暑假高木打算去东京旅游。他跟同学们一起去。他们想去东京晴空塔、秋叶原和迪士尼乐园。

Jīnnián shǔjià Gāomù dǎsuan qù Dōngjīng lǚyóu. Tā gēn tóngxuémen yìqǐ qù. Tāmen xiǎng qù Dōngjīngqíngkōngtǎ、 Qiūyèyuán hé Díshìnílèyuán.

② 这个周末王静打算去富士山爬山。她跟朋友一起去。她们打算在京都站坐高速巴士去富士山。她们还想去泡温泉。

Zhège zhōumò Wáng Jìng dǎsuan qù Fùshìshān páshān. Tā gēn péngyou yìqǐ qù. Tāmen dǎsuan zài Jīngdūzhàn zuò gāosù bāshì qù Fùshìshān. Tāmen hái xiǎng qù pào wēnquán.

*秋叶原 Qiūyèyuán 名 秋葉原　　爬山 pá//shān 動 登山する　　高速巴士 gāosù bāshì 名 高速バス
泡温泉 pào wēnquán　温泉に入る

3 2の文章の内容を日本語でまとめましょう。

名前	旅行の時期	旅行先	一緒に行く人
高木			
王静			

1 例にならって，夏休みの計画を話しましょう。

例：　　　　　　　A　　　　　　　　B

打工　　　　　　看电影　　　　　　旅游
dǎgōng　　　　　kàn diànyǐng　　　lǚyóu

商场　　　　　　神户　　　　　　　名古屋
shāngchǎng　　　Shénhù　　　　　　Mínggǔwū

朋友　　　　　　同学　　　　　　　家人
péngyou　　　　　tóngxué　　　　　jiārén

暑假我打算去<u>商场</u><u>打工</u>。我想跟<u>朋友</u>一起去<u>打工</u>。
Shǔjià wǒ dǎsuan qù shāngchǎng dǎgōng. Wǒ xiǎng gēn péngyou yìqǐ qù dǎgōng.

A _____

B _____

2 夏休みの計画を紹介する文章を作成して発表しましょう。

暑假 从 八 月 _____ 号 到 八 月 _____ 号。我 打算 _____。
Shǔjià cóng bā yuè 　　　hào dào bā yuè 　　　hào. wǒ dǎsuan 　　　　.

我 打算 跟 _____ 一起 _____。九 月 我 打算 _____，和 _____
Wǒ dǎsuan gēn 　　　yìqǐ 　　　. Jiǔ yuè wǒ dǎsuan 　　　　，hé

一起 _____。
yìqǐ 　　　.

3 下の質問を使って，クラスメートにインタビューして，中国語でまとめましょう。

① A：暑假你有什么打算？　　　B：_____。
　　Shǔjià nǐ yǒu shénme dǎsuan?

② A：你什么时候去？　　　　　B：_____。
　　Nǐ shénme shíhou qù?

③ A：你跟谁一起去？　　　　　B：_____。
　　Nǐ gēn shéi yìqǐ qù?

名字 míngzi (名前)	计划 jìhuà (計画の内容)	时期 shíqī (時期)	跟谁一起 gēn shéi yìqǐ (一緒にする人)

1 次の語句の音声を聞き，発音練習して覚えましょう。

DL 167
CD2-75

跑步
pǎo//bù
ジョギングをする

散步
sàn//bù
散歩する

看电影
kàn diànyǐng
映画を見る

做菜
zuò cài
料理を作る

做点心
zuò diǎnxin
お菓子を作る

唱歌
chàng gē
歌を歌う

跳舞
tiào//wǔ
ダンスをする

弹钢琴
tán gāngqín
ピアノを弾く

2 次の文を音読し，日本語に訳しましょう。

DL 168
CD2-76

① 李南的爱好是打乒乓球。她每星期五晚上跟朋友一起去附近的体育馆打乒乓球。她以前还参加过乒乓球的比赛，她打乒乓球打得非常好。

Lǐ Nán de àihào shì dǎ pīngpāngqiú. Tā měi xīngqīwǔ wǎnshang gēn péngyou yìqǐ qù fùjìn de tǐyùguǎn dǎ pīngpāngqiú. Tā yǐqián hái cānjiāguo pīngpāngqiú de bǐsài, tā dǎ pīngpāngqiú dǎde fēicháng hǎo.

② 铃木的爱好是唱歌。她一般周末跟朋友一起去卡拉OK唱歌。她还会做点心，她经常做蛋糕。她做的蛋糕很好吃，她哥哥非常喜欢吃她做的蛋糕。

Língmù de àihào shì chànggē. Tā yìbān zhōumò gēn péngyou yìqǐ qù kǎlā OK chànggē. Tā hái huì zuò diǎnxin, tā jīngcháng zuò dàngāo. Tā zuò de dàngāo hěn hǎochī, tā gēge fēicháng xǐhuan chī tā zuò de dàngāo.

*爱好 àihào 图趣味　　星期五 xīngqīwǔ 图金曜日　　比赛 bǐsài 图試合
卡拉OK kǎlā OK 图カラオケ　　经常 jīngcháng 副しょっちゅう，よく　　蛋糕 dàngāo 图ケーキ

3 ２の文章の内容を日本語でまとめましょう。

名前	趣味		趣味をする日 or 頻度
李南			
铃木			

1 例にならって，以下の動作について話しましょう。

例：
游泳（游）
yóuyǒng (yóu)
不太好
bú tài hǎo

A
跳舞（跳）
tiàowǔ (tiào)
很好
hěn hǎo

B
弹钢琴（弹）
tán gāngqín (tán)
还可以
hái kěyǐ

＊（　）は様態補語の文に使う動詞。

例：我会游泳。我游得不太好。
　　Wǒ huì yóuyǒng. Wǒ yóude bú tài hǎo.

A ＿＿＿＿＿＿＿＿＿＿＿＿＿＿＿＿＿＿＿＿＿＿＿＿＿＿＿＿＿＿＿＿＿

B ＿＿＿＿＿＿＿＿＿＿＿＿＿＿＿＿＿＿＿＿＿＿＿＿＿＿＿＿＿＿＿＿＿

2 自分の趣味を紹介する文章を作成して発表しましょう。

我　会 ＿＿＿＿＿＿。我　从 ＿＿＿＿＿＿ 岁　开始　练习 ＿＿＿＿＿＿。
Wǒ　huì 　　　　　. Wǒ cóng 　　　　　suì kāishǐ liànxí 　　　　　.

每　星期天　我　去 ＿＿＿＿＿＿。我 ＿＿＿＿＿＿ 得 ＿＿＿＿＿＿＿＿。
Měi xīngqītiān wǒ　qù 　　　　　. Wǒ 　　　　　de 　　　　　　　.

3 下の質問を使って，クラスメートにインタビューして，中国語でまとめましょう。

① A： 你对什么感兴趣？　　　　　B：＿＿＿＿＿＿＿＿＿＿＿＿＿＿＿＿＿。
　　 Nǐ duì shénme gǎn xìngqù?

② A： 你是从什么时候开始练习的？　　B：＿＿＿＿＿＿＿＿＿＿＿＿＿＿＿。
　　 Nǐ shì cóng shénme shíhou kāishǐ liànxí de?

③ A： 你做得好吗？　　　　　　B：＿＿＿＿＿＿＿＿＿＿＿＿＿＿＿＿＿。
　　 Nǐ zuòde hǎo ma?

名字 míngzi （名前）	爱好 àihào （趣味）	开始时期 kāishǐ shíqī （始めた時期）	水平 shuǐpíng （程度・レベル）

DL 169
CD2-77

1 次の語句の音声を聞き，発音練習して覚えましょう。

香水
xiāngshuǐ
香水

项链
xiàngliàn
ネックレス

手提包
shǒutíbāo
ハンドバッグ

围巾
wéijīn
マフラー

手表
shǒubiǎo
腕時計

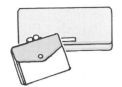

钱包
qiánbāo
財布

手绢
shǒujuàn
ハンカチ

领带
lǐngdài
ネクタイ

 DL 170
CD2-78

2 次の文を音読し，日本語に訳しましょう。

① 山田的生日十一月十六号。去年他跟家人一起过生日。他父母送了他手表，哥哥送了他钱包，弟弟送了他很多点心。他们过得很愉快。

Shāntián de shēngrì shíyī yuè shíliù hào. Qùnián tā gēn jiārén yìqǐ guò shēngrì. Tā fùmǔ sòngle tā shǒubiǎo, gēge sòngle tā qiánbāo, dìdi sòngle tā hěn duō diǎnxin. Tāmen guòde hěn yúkuài.

② 明天五月二十九号是铃木的生日。她父母打算送她项链和香水，她哥哥打算送她手提包。铃木喜欢做蛋糕，她明天打算自己做生日蛋糕。

Míngtiān wǔ yuè èrshijiǔ hào shì Língmù de shēngrì. Tā fùmǔ dǎsuan sòng tā xiàngliàn hé xiāngshuǐ, tā gēge dǎsuan sòng tā shǒutíbāo. Língmù xǐhuan zuò dàngāo, tā míngtiān dǎsuan zìjǐ zuò shēngrì dàngāo.

*去年 qùnián 名去年　父母 fùmǔ 名両親　点心 diǎnxin 名菓子　愉快 yúkuài 形愉快だ，楽しい
自己 zìjǐ 代自分（で）

3 2の文章の内容を日本語でまとめましょう。

名前	誕生日	プレゼントをあげる（あげた）人	プレゼント
山田			
铃木			

1 例にならって，家族の誕生日や年齢を紹介しましょう。

例：	A	B
爸爸 bàba	妈妈 māma	哥哥 gēge
三月十五号 sān yuè shíwǔ hào	九月七号 jiǔ yuè qī hào	五月二十号 wǔ yuè èrshí hào
四十九岁 sìshijiǔ suì	四十四岁 sìshisì suì	二十岁 èrshí suì

例：爸爸的生日三月十五号，爸爸今年四十九岁。
Bàba de shēngrì sān yuè shíwǔ hào, bàba jīnnián sìshijiǔ suì.

A _____

B _____

2 自分の誕生日について紹介する文章を作成して発表しましょう。

我 的 生日 ＿＿＿月＿＿＿号，我 今年 ＿＿＿ 岁 了。去年 我 跟
Wǒ de shēngrì ＿＿yuè ＿＿hào, wǒ jīnnián ＿＿suì le. Qùnián wǒ gēn

＿＿＿ 一起 过 生日。他/她 送 我 ＿＿＿。今年 我 打算 跟 ＿＿＿
yìqǐ guò shēngrì. Tā/Tā sòng wǒ ＿＿. Jīnnián wǒ dǎsuan gēn

一起 过。我 想 吃 ＿＿＿＿。
yìqǐ guò. Wǒ xiǎng chī ＿＿.

3 下の質問を使って，クラスメートにインタビューし，中国語でまとめましょう。

① A：你的生日几月几号？　　　B：＿＿＿＿＿＿＿＿。
Nǐ de shēngrì jǐ yuè jǐ hào?

② A：你今年跟谁一起过？　　　B：＿＿＿＿＿＿＿＿。
Nǐ jīnnián gēn shéi yìqǐ guò?

③ A：你要什么生日礼物？　　　B：＿＿＿＿＿＿＿＿。
Nǐ yào shénme shēngrì lǐwù?

名字 míngzi （名前）	生日 shēngrì （誕生日）	一起过的人 yìqǐ guò de rén （一緒に過ごす人）	想要的礼物 xiǎng yào de lǐwù （欲しいプレゼント）

131

DL 171
CD2-79

1 次の語句の音声を聞き，発音練習して覚えましょう。

文学
wénxué
文学

历史学
lìshǐxué
歴史学

法学
fǎxué
法学

经济学
jīngjìxué
経済学

经营学
jīngyíngxué
経営学

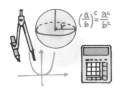
数学
shùxué
数学

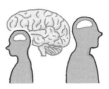
心理学
xīnlǐxué
心理学

药学
yàoxué
薬学

DL 172
CD2-80

2 次の文を音読し，日本語に訳しましょう。

① 高木的专业是文学。他明天有中国文学的考试，现在他在跟同学一起复习。他很喜欢学习文学，明年他还想学习日本文学和法国文学。

Gāomù de zhuānyè shì wénxué. Tā míngtiān yǒu Zhōngguó wénxué de kǎoshì, xiànzài tā zài gēn tóngxué yìqǐ fùxí. Tā hěn xǐhuan xuéxí wénxué, míngnián tā hái xiǎng xuéxí Rìběn wénxué hé Fǎguó wénxué.

② 王静昨天有心理学的考试。她对心理学很感兴趣，复习了很长时间。昨天的考试有点儿难，但是她考得还不错。

Wáng Jìng zuótiān yǒu xīnlǐxué de kǎoshì. Tā duì xīnlǐxué hěn gǎn xìngqù, fùxíle hěn cháng shíjiān. Zuótiān de kǎoshì yǒudiǎnr nán, dànshì tā kǎode hái búcuò.

*专业 zhuānyè 名 専攻　　明年 míngnián 名 来年　　长 cháng 形 長い　　但是 dànshì 接 しかし

3 2の文章の内容を日本語でまとめましょう。

名前	試験科目	試験日	試験科目に対する興味
高木			
王静			

1 例にならって，履修科目について紹介しましょう。

例：　　　　　　　　　　A　　　　　　　　　　B

文学　　　　　　　　经济学　　　　　　　历史学
wénxué　　　　　　jīngjìxué　　　　　　lìshǐxué

不难　　　　　　　　有点儿难　　　　　　不太难
bù nán　　　　　　yǒudiǎnr nán　　　　bú tài nán

我在学习文学。文学不难，我（很喜欢／不太喜欢）。
Wǒ zài xuéxí wénxué. Wénxué bù nán, wǒ (hěn xǐhuan / bú tài xǐhuan).

A _____

B _____

2 自分の履修について紹介する文章を作成して発表しましょう。

我 的 专业 是 _____。我 这个 学期 选修了 _____门 课。
Wǒ de zhuānyè shì　　　　. Wǒ zhège xuéqī xuǎnxiūle　　　　mén kè.

我 很 喜欢 _____ 课。我 有 _____ 个 考试。我 现在 在
Wǒ hěn xǐhuan　　　　kè. Wǒ yǒu　　　　ge kǎoshì. Wǒ xiànzài zài

复习 _____。
fùxí　　　　　. 　　　　　　　　　　　　　　　*学期 xuéqī 名学期

3 下の質問を使って，クラスメートにインタビューし，中国語でまとめましょう。

① A：你的专业是什么？　　　　　　B：_____。
　　Nǐ de zhuānyè shì shénme?

② A：你这个学期选修了几门课？　　B：_____。
　　Nǐ zhège xuéqī xuǎnxiūle jǐ mén kè?

③ A：你这个学期有几个考试？　　　B：_____。
　　Nǐ zhège xuéqī yǒu jǐ ge kǎoshì?

名字 míngzi （名前）	专业 zhuānyè （専攻）	选修的科目数 xuǎnxiū de kēmùshù （履修科目数）	考试数 kǎoshìshù （試験の数）

1 次の語句の音声を聞き，発音練習して覚えましょう。

DL 173

CD2-81

头疼
tóuténg
頭痛がする

头晕
tóu yūn
めまいがする

恶心
ěxin
吐き気がする

拉肚子
lā dùzi
下痢をする

发烧
fā//shāo
熱が出る

发冷
fā//lěng
寒気がする

痒
yǎng
かゆい

没有食欲
méiyou shíyù
食欲がない

2 次の文を音読し，日本語に訳しましょう。

DL 174

CD2-82

① 　铃木昨天起床以后嗓子有点儿疼、发冷，中午以后
开始发烧。所以她请假没有去打工，吃了医生给的感冒药，
在家休息了一天。

　　Língmù zuótiān qǐchuáng yǐhòu sǎngzi yǒudiǎnr téng、fā
lěng, zhōngwǔ yǐhòu kāishǐ fāshāo. Suǒyǐ tā qǐngjià méiyou qù
dǎgōng, chīle yīshēng gěi de gǎnmào yào, zài jiā xiūxile yì tiān.

② 　金东国从上个星期天开始肚子疼、拉肚子、没有食欲。
昨天他去看医生了。医生给了他一些药。他吃药以后，
肚子好起来了。

　　Jīn Dōngguó cóng shàng ge xīngqītiān kāishǐ dùzi téng、lā
dùzi、méiyou shíyù. Zuótiān tā qù kàn yīshēng le. Yīshēng gěile tā
yìxiē yào. Tā chī yào yǐhòu, dùzi hǎoqǐlai le.

＊中午 zhōngwǔ 名昼　　所以 suǒyǐ 接 したがって、だから　　肚子 dùzi 名腹

3 ２の文章の内容を日本語でまとめましょう。

名前	症状	症状が出た日	治すためにしたこと
铃木			
金东国			

1 例にならって，体調について話しましょう。

例：
	A	B
昨天 zuótiān	上个星期四 shàng ge xīngqīsì	十一月二号 shíyī yuè èr hào
拉肚子 lā dùzi	咳嗽 késou	发烧 fāshāo
一天 yì tiān	一个星期 yí ge xīngqī	两天 liǎng tiān

我昨天身体不舒服，拉肚子，休息了一天。
Wǒ zuótiān shēntǐ bù shūfu, lā dùzi, xiūxile yì tiān.

A _____

B _____

2 自分の風邪の体験について話す文章を作成して発表しましょう。

星期 _____ 我 感冒 了，是 从 中午 开始 的。
Xīngqī　　　　　wǒ gǎnmào le,　shì cóng zhōngwǔ kāishǐ de.

我 _____（症状）。 我（去了 / 没 去）医院，
Wǒ　　　　　　　　　　　　．　Wǒ　(qùle / méi qù) yīyuàn,

在 家 休息了 _____ 天。
zài jiā xiūxile　　　　　　　tiān.

3 下の質問を使って，クラスメートにインタビューし，中国語でまとめましょう。

① A：你怎么了？　　　　B：_____。
　　Nǐ zěnme le?

② A：那是从什么时候开始的？　B：_____。
　　Nà shì cóng shénme shíhou kāishǐ de?

③ A：你休息了几天？　　B：_____。
　　Nǐ xiūxile jǐ tiān?

名字 míngzi （名前）	症状 zhèngzhuàng （症状）	开始时期 kāishǐ shíqī （いつから）	休息多长时间 xiūxi duō cháng shíjiān （休んだ期間）

第十四课 ● 实践活动 │ Part ❶　学生番号　　　　　氏名

DL 175

CD2-83

1 次の語句の音声を聞き，発音練習して覚えましょう。

视频
shìpín
動画

视频通话
shìpín tōnghuà
ビデオ通話

主播
zhǔbō
配信者

粉丝
fěnsī
ファン

评论
pínglùn
コメント

刷手机
shuā shǒujī
携帯電話をいじる

聊天儿
liáo//tiānr
おしゃべりをする、チャットをする

点赞
diǎn//zàn
「いいね」をする

DL 176

CD2-84

2 次の文を音読し，日本語に訳しましょう。

① 　李南每星期天用视频跟她爸爸妈妈聊天儿。李南来日本以后，有时觉得很寂寞。她能在手机上看着父母聊天儿，觉得很开心。

　　Lǐ Nán měi xīngqītiān yòng shìpín gēn tā bàba māma liáotiānr. Lǐ Nán lái Rìběn yǐhòu, yǒushí juéde hěn jìmò. tā néng zài shǒujīshang kànzhe fùmǔ liáotiānr, juéde hěn kāixīn.

② 　铃木每天晚上在 YouTube 上看视频。她是一个主播的粉丝。那个主播在视频上做菜、做点心。铃木经常给她点赞，写评论。

　　Língmù měi tiān wǎnshang zài YouTubeshang kàn shìpín. Tā shì yí ge zhǔbō de fěnsī. Nàge zhǔbō zài shìpínshang zuò cài、zuò diǎnxin. Língmù jīngcháng gěi tā diǎnzàn, xiě pínglùn.

＊视频 shìpín 名 ここでは"视频通话"（ビデオ通話）の略　　觉得 juéde 動 感じる　　寂寞 jìmò 形 寂しい
开心 kāixīn 形 楽しい　　写 xiě 動 書く

3 2の文章の内容を日本語でまとめましょう。

名前	PCや携帯電話ですること	いつするか
李南		
铃木		

136

1 例にならって，SNS の使用について紹介しましょう。

例：	A	B
每天 měi tiān	经常 jīngcháng	每天晚上 měi tiān wǎnshang
LINE	微信 Wēixìn	IG
打电话 dǎ diànhuà	发短信 fā duǎnxìn	发照片 fā zhàopiàn

例：我喜欢用社交软件。我每天用 LINE 打电话。
　　Wǒ xǐhuan yòng shèjiāo ruǎnjiàn. Wǒ měi tiān yòng LINE dǎ diànhuà.

A _____

B _____

2 自分の SNS 使用について紹介する文章を作成して発表しましょう。

我 的　手机上　有　很　多　社交　软件。我　用 _____ 跟　家人　发
Wǒ de　shǒujīshang yǒu hěn duō shèjiāo ruǎnjiàn. Wǒ yòng　　　　gēn jiārén　fā

短信。我　用 _____ 看　视频。我　用 _____ 打　电话。我　每　天
duǎnxìn. Wǒ yòng　　　　kàn shìpín. Wǒ yòng　　　　dǎ diànhuà. Wǒ měi tiān

刷 _____ 个　小时　手机。
shuā　　　　ge xiǎoshí shǒujī.

3 下の質問を使って，クラスメートにインタビューし，中国語でまとめましょう。

① A： 你用什么社交软件跟家人发短信？
　　　 Nǐ yòng shénme shèjiāo ruǎnjiàn gēn jiārén fā duǎnxìn？

　 B： _____。

② A： 你经常用什么社交软件？　　B： _____。
　　　 Nǐ jīngcháng yòng shénme shèjiāo ruǎnjiàn？

③ A： 你每天刷多长时间手机？　　B： _____。
　　　 Nǐ měi tiān shuā duō cháng shíjiān shǒujī？

名字 míngzi （名前）	跟家人联系时用的软件 gēn jiārén liánxì shí yòng de ruǎnjiàn （家族連絡用の SNS）	常用的软件 cháng yòng de ruǎnjiàn （よく使う SNS）	刷手机的时间 shuā shǒujī de shíjiān （携帯をいじる時間の長さ）

DL 177
CD2-85

1 次の語句の音声を聞き，発音練習して覚えましょう。

棒球
bàngqiú
野球

排球
páiqiú
バレーボール

乒乓球
pīngpāngqiú
卓球

美式橄榄球
měishìgǎnlǎnqiú
アメリカンフットボール

志愿者
zhìyuànzhě
ボランティア

戏剧
xìjù
演劇

轻音乐
qīngyīnyuè
軽音楽

美术
měishù
美術

DL 178
CD2-86

2 次の文を音読し，日本語に訳しましょう。

① 　金东国每个星期二、四、六参加乒乓球社团的活动。他经常参加社团活动以后去打工，非常忙。昨天他打工迟到了，被老板说了一顿。

　　Jīn Dōngguó měi ge xīngqī'èr、sì、liù cānjiā pīngpāngqiú shètuán de huódòng. Tā jīngcháng cānjiā shètuán huódòng yǐhòu qù dǎgōng, fēicháng máng. Zuótiān tā dǎgōng chídào le, bèi lǎobǎn shuōle yí dùn.

② 　王静参加了学校的志愿者社团。周末她去大学附近的养老院，跟老年人交流。通过跟他们的交流，她对日本的高龄化问题感兴趣了。

　　Wáng Jìng cānjiāle xuéxiào de zhìyuànzhě shètuán. Zhōumò tā qù dàxué fùjìn de yǎnglǎoyuàn, gēn lǎoniánrén jiāoliú. Tōngguò gēn tāmen de jiāoliú, tā duì Rìběn de gāolínghuà wèntí gǎn xìngqù le.

＊老板 lǎobǎn 名店主，店長　　顿 dùn 量〜回（叱責などを数える）　　养老院 yǎnglǎoyuàn 名老人ホーム
老年人 lǎoniánrén 名高齢者　　交流 jiāoliú 動交流する　　通过 tōngguò 介〜を通じて
高龄化 gāolínghuà 名高齢化

3 2の文章の内容を日本語でまとめましょう。

名前	クラブ名	参加する日時	クラブに参加した結果起こったこと
金东国			
王静			

1 イラストを見て，例にならってクラブ活動について話しましょう。

例：　　　　　　　　A　　　　　　　　B

网球　　　　　　　棒球　　　　　　　美术
wǎngqiú　　　　　bàngqiú　　　　　měishù

星期天　　　　　　星期三　　　　　　星期六
xīngqītiān　　　　xīngqīsān　　　　xīngqīliù

五个小时　　　　　六个小时　　　　　两个小时
wǔ ge xiǎoshí　　liù ge xiǎoshí　　liǎng ge xiǎoshí

例：我参加了学校的<u>网球</u>社团。每个<u>星期天</u>我们练习<u>五个小时</u>。
　　Wǒ cānjiāle xuéxiào de wǎngqiú shètuán. Měi ge xīngqītiān wǒmen liànxí wǔ ge xiǎoshí.

A _____

B _____

2 自分のクラブ活動を紹介する文章を作成して発表しましょう。

我　喜欢 _____。我　参加了　学校　的 _____　社团。每　个
Wǒ xǐhuan 　　　　　. Wǒ cānjiāle xuéxiào de 　　　　　shètuán. Měi ge

星期 _____　我们　社团　有　活动。我们　练习得　很　认真。我
xīngqī 　　　　　wǒmen shètuán yǒu huódòng. Wǒmen liànxíde hěn rènzhēn. Wǒ

很　累，但是　我　很　开心。
hěn lèi, dànshì wǒ hěn kāixīn.

3 下の質問を使って，クラスメートにインタビューし，中国語でまとめましょう。

① A：你参加了什么社团？　　　　B：_____。
　　Nǐ cānjiāle shénme shètuán?

② A：你什么时候练习？　　　　　B：_____。
　　Nǐ shénme shíhou liànxí?

③ A：你参加的社团一共有多少人？　B：_____。
　　Nǐ cānjiā de shètuán yígòng yǒu duōshao rén?

名字 míngzi （名前）	社团 shètuán （クラブ）	活动日 huódòngrì （活動日）	社团的人数 shètuán de rénshù （クラブの人数）

1 次の語句の音声を聞き，発音練習して覚えましょう。

DL 179
CD2-87

养老
yǎng//lǎo
老人をいたわり養う

教育
jiàoyù
教育

金融
jīnróng
金融

房地产
fángdìchǎn
不動産

航空
hángkōng
航空

广告
guǎnggào
広告

制造
zhìzào
製造

餐饮
cānyǐn
飲食

2 次の文を音読し，日本語に訳しましょう。

DL 180
CD2-88

① 　王静是大学四年级的学生，明年三月就要毕业了。毕业后，她打算回中国找工作。她希望在中国做养老行业的工作。
　　Wáng Jìng shì dàxué sì niánjí de xuésheng, míngnián sān yuè jiù yào bìyè le. Bìyè hòu, tā dǎsuan huí Zhōngguó zhǎo gōngzuò. Tā xīwàng zài Zhōngguó zuò yǎnglǎo hángyè de gōngzuò.

② 　山田是大学三年级的学生，他已经开始找工作了。他希望毕业后去东京工作。他对航空行业感兴趣。他还说不好汉语，但是他希望以后继续学习汉语，将来用汉语工作。
　　Shāntián shì dàxué sān niánjí de xuésheng, tā yǐjīng kāishǐ zhǎo gōngzuò le. Tā xīwàng bìyè hòu qù Dōngjīng gōngzuò. Tā duì hángkōng hángyè gǎn xìngqù. Tā hái shuōbuhǎo Hànyǔ, dànshì tā xīwàng yǐhòu jìxù xuéxí Hànyǔ, jiānglái yòng Hànyǔ gōngzuò.

*找 zhǎo 動 探す　　希望 xīwàng 動 希望する，望む　　行业 hángyè 名 業種，業界
养老行业 yǎnglǎo hángyè 名 介護業界　　工作 gōngzuò 動 働く、仕事をする　　继续 jìxù 動 継続する

3 2 の文章の内容を日本語でまとめましょう。

名前	学年	就職する場所	就職を希望する業界
王静			
山田			

1 例にならって，好きな科目や将来の夢を紹介しましょう。

例：	A	B
汉语 Hànyǔ	经济 jīngjì	经营 jīngyíng
黄老师 Huáng lǎoshī	田中老师 Tiánzhōng lǎoshī	铃木老师 Língmù lǎoshī
教育 jiàoyù	金融 jīnróng	餐饮 cānyǐn

例：我最喜欢汉语课。汉语课的老师是黄老师。我将来想做和教育有关系的工作。
Wǒ zuì xǐhuan Hànyǔ kè. Hànyǔ kè de lǎoshī shì Huáng lǎoshī. Wǒ jiānglái xiǎng zuò hé jiàoyù yǒu guānxi de gōngzuò.

*经营 jīngyíng 名 経営

A _____

B _____

2 自分の夢を紹介する文章を作成して発表しましょう。

我 今年 选修了 _____ 门 课。我 最 喜欢 _____ 课。_____ 课
Wǒ jīnnián xuǎnxiūle _____ mén kè. Wǒ zuì xǐhuan _____ kè. _____ kè

的 老师 是 _____老师。我 学了 半年 _____了。我 明年 打算
de lǎoshī shì _____ lǎoshī. Wǒ xuéle bànnián _____ le. Wǒ míngnián dǎsuan

学习 _____。我 将来 想 做 和 _____ 有 关系 的 工作。
xuéxí _____. Wǒ jiānglái xiǎng zuò hé _____ yǒu guānxi de gōngzuò.

3 下の質問を使って，クラスメートにインタビューし，中国語でまとめましょう。

① A：今年你最喜欢谁的课？　　　B：_____。
　　Jīnnián nǐ zuì xǐhuan shéi de kè?

② A：明年你想学什么？　　　　　B：_____。
　　Míngnián nǐ xiǎng xué shénme?

③ A：你将来想做什么工作？　　　B：_____。
　　Nǐ jiānglái xiǎng zuò shénme gōngzuò?

名字 míngzi （名前）	喜欢的课 xǐhuan de kè （好きな授業）	想选修的课 xiǎng xuǎnxiū de kè （履修したい授業）	将来的工作 jiānglái de gōngzuò （将来の仕事）

141

pinyin	中文	品詞	意味	課
chuáng	床	名	ベッド	第5課 実践活動
chuānghu	窗户	名	窓	第5課 実践活動
chūntiān	春天	名	春	第3課 実践活動
cì	次	量	～回	第9課 ポイント
cóng	从	介	～から	第7課 ポイント

D

dǎ	打	動	(様々なスポーツを)する	第10課 会話、
		動	(電話を)かける	第12課 ポイント
dà	大	形	年上である	第4課 ポイント、
		形	大きい	第5課 講読
dǎ//gōng	打工	動	アルバイトをする	第6課 ポイント
dǎsuan	打算	名	予定	第9課 会話
		動	～する予定である	
Dàbǎn	大阪	名	大阪	第5課 練習、第3課 実践活動
Dàbǎnzhàn	大阪站	名	大阪駅	第6課 実践活動
dàsài	大赛	名	大会	第10課 会話
dàxiǎo	大小	名	大小、大きさ	第5課 実践活動
dàxué	大学	名	大学	第3課 ポイント
dàxuéshēng	大学生	名	大学生	第1課 ポイント
dàyuē	大约	副	だいたい	第7課 会話
dài	带	動	持つ、携帯する	第13課 ポイント
dàngāo	蛋糕	名	ケーキ	第11課 講読、第10課 実践活動
dànshì	但是	接	しかし	第12課 実践活動
dǎo	倒	動	倒れる	第15課 講読
dào	到	介	～まで	第7課 ポイント
		動	到達する	第16課 会話
dé	得	動	(病気に)かかる	第13課 講読、
		動	得る、獲得する	第15課 講読
de	的	助	～の	第3課 ポイント
de	得	助	様態補語を導く	第10課 ポイント
Déguórén	德国人	名	ドイツ人	第2課 実践活動
děng	等	動	待つ	第7課 ポイント
dī	低	形	低い	第3課 実践活動
Díshìní	迪士尼	名	ディズニー	第11課 会話
Díshìnílèyuán	迪士尼乐园	名	ディズニーランド	第9課 実践活動
dìdi	弟弟	名	弟	第4課 講読
dìdiǎn	地点	名	場所	第7課 実践活動
dìtiě	地铁	名	地下鉄	第7課 実践活動
dìtú	地图	名	地図	第14課 ポイント
diǎn	点	量	～時	第7課 講読
diàn	店	名	店	第6課 会話
diǎnxin	点心	名	菓子	第11課 実践活動
diǎn//zàn	点赞	動	「いいね」をする	第14課 実践活動
diànchē	电车	名	電車	第7課 講読
diànhuà	电话	名	電話	第12課 ポイント
diànnǎo	电脑	名	パソコン	第4課 ポイント
diànshì	电视	名	テレビ	第5課 実践活動
diànyǐng	电影	名	映画	第9課 ポイント
dǒng	懂	動	わかる	第12課 ポイント
Dōngjīng	东京	名	東京	第5課 ポイント、第3課 実践活動
Dōngjīngqíngkōngtǎ	东京晴空塔	名	東京スカイツリー	第9課 実践活動
dōngtiān	冬天	名	冬	第3課 実践活動
dōngxi	东西	名	物	第9課 ポイント、第8課 実践活動
dōu	都	副	みんな	第1課 ポイント
dù	度	量	～度	第3課 実践活動
dùzi	肚子	名	腹	第13課 実践活動
dúshēngnǚ	独生女	名	一人娘	第4課 講読
duǎnxìn	短信	名	ショートメッセージ	第14課 講読
duì	对	形	正しい、そうだ	第6課 会話、
		介	～に対して	第10課 会話
duìbuqǐ	对不起		すみません	第15課 会話
duìmiàn(r)	对面(儿)	名	真向い、向かい側	第5課 ポイント
duìyuán	队员	名	チームメンバー	第15課 講読
dùn	顿	量	～回(叱責などを数える)	第15課 実践活動
duō	多	形	多い	第3課 講読、
		数	～余り	第15課 講読

duō cháng	多长 どのくらいの長さ	第7課 会話
duō dà	多大 何歳か?	第4課 会話
duō jiā	多加～ もっと～する	第13課 講読
duōshao	多少 代 どのくらい	第4課 ポイント

E

ěxin	恶心 形 吐き気がする	第13課 実践活動
éi	欸 感 おや、あれっ	第11課 会話
érzi	儿子 名 息子	第11課 ポイント
èrwéimǎ	二维码 名 2次元コード	第14課 会話

F

fā	发 動 送信する、出す	第14課 会話
fā//lěng	发冷 動 寒気がする	第13課 実践活動
fā//shāo	发烧 動 熱が出る	第13課 実践活動
fǎxué	法学 名 法学	第12課 実践活動
Fǎyǔ	法语 名 フランス語	第9課 ポイント
fàndiàn	饭店 名 ホテル	第6課 実践活動
fāngbiàn	方便 形 便利である	第5課 講読
fángdìchǎn	房地产 名 不動産	第16課 実践活動
fángjiān	房间 名 部屋	第5課 ポイント
fàng hánjià	放寒假 冬休みになる	第16課 講読
fàng//jià	放假 動 休みになる	第16課 ポイント
fēicháng	非常 副 非常に	第3課 会話
fēijī	飞机 名 飛行機	第9課 ポイント、 第7課 実践活動
fēnzhōng	分钟 量 ～分間	第7課 ポイント
fěnhóngsè	粉红色 名 ピンク色	第8課 実践活動
fěnsī	粉丝 名 ファン	第14課 実践活動
fùjìn	附近 名 近所、付近	第6課 会話
fùmǔ	父母 名 両親	第11課 実践活動
Fùshìshān	富士山 名 富士山	第9課 実践活動
fùxí	复习 動 復習する	第12課 会話

G

gālífàn	咖喱饭 名 カレーライス	第2課 会話
gǎn	感 動 感じる	第10課 会話
gǎnmào	感冒 名 風邪	第13課 会話
gǎnxiǎng	感想 名 感想	第10課 講読
gāng	刚 副 ～したばかりである	第13課 会話
gāngcái	刚才 名 先ほど	第15課 会話
gāngqín	钢琴 名 ピアノ	第7課 ポイント
gāo	高 形 高い	第3課 講読
gāolínghuà	高龄化 名 高齢化	第15課 実践活動
Gāomù Héyě	高木和也 高木和也(人名)	第1課 会話
gāosù bāshì	高速巴士 名 高速バス	第9課 実践活動
gāoxìng	高兴 形 うれしい	第3課 講読
gāozhōng	高中 名 高校	第9課 講読
gāozhōngshēng	高中生 名 高校生	第4課 講読、 第1課 実践活動
gǎo//qīngchu	搞清楚 はっきりさせる	第12課 講読
gàosu	告诉 動 伝える	第13課 会話
ge	个 量 ～個(人や物を数える)	第4課 ポイント
gēge	哥哥 名 兄	第3課 ポイント
gètǐhù	个体户 名 自営業	第1課 実践活動
gèzi	个子 名 背丈	第13課 ポイント
gěi	给 動 与える	第11課 ポイント、 第14課 講読
	介 ～に	
gēn	跟 介 ～と	第9課 会話
gōngchéngshī	工程师 名 エンジニア	第1課 実践活動
gōngjiāochē	公交车 名 路線バス	第7課 講読
gōngjiāochēzhàn	公交车站 名 バス停	第5課 講読
gōngsīzhíyuán	公司职员 名 サラリーマン	第1課 実践活動
gōngwùyuán	公务员 名 公務員	第1課 実践活動
gōngyuán	公园 名 公園	第5課 ポイント
gōngzī	工资 名 給料	第6課 会話
gōngzuò	工作 名 仕事	第6課 会話、 第16課 実践活動
	動 働く、仕事をする	
gōngzuò dānwèi	工作单位 名 アルバイト先	第6課 実践活動
guà	挂 動 掛ける	第14課 ポイント
guàzhōng	挂钟 名 掛け時計	第5課 実践活動
guān	关 動 (電源を)切る	第14課 講読

guānxi	关系 名 関係	第4課 講読
guǎnggào	广告 名 広告	第16課 実践活動
guìzi	柜子 名 戸棚	第5課 実践活動
guò	过 動 過ごす、祝う	第11課 会話、
	動 過ぎる	第16課 講読
guo	过 動 ～したことがある	第9課 ポイント

H

hái	还 副 さらに	第5課 講読、
	副 まあまあ	第6課 講読、
	副 まだ	第9課 ポイント
hái kěyǐ	还可以 まあまあである	第10課 会話
háishi	还是 接 それとも	第8課 ポイント
Hánguórén	韩国人 名 韓国人	第1課 講読
hànbǎobāo	汉堡包 名 ハンバーガー	第2課 実践活動
Hànyǔ	汉语 名 中国語	第2課 講読
hángkōng	航空 名 航空	第16課 実践活動
hángyè	行业 名 業種、業界	第16課 実践活動
hǎo	好 形 よい	第3課 会話、
	形 きちんと～し終える	第12課 ポイント
	形 健康である	第13課 ポイント
hào	号 量 ～日	第9課 会話
hǎo a	好啊 いいですよ	第5課 会話
hǎo de	好的 わかった、オーケー	第12課 会話
hǎochī	好吃 形 おいしい	第3課 会話
hǎohāor	好好儿 副 よく、ちゃんと	第15課 会話
hǎokàn	好看 形 美しい、きれい	第8課 会話
hē	喝 動 飲む	第2課 ポイント
hé	和 接 ～と	第2課 講読、
	介 ～と	第16課 講読
hēisè	黑色 名 黒色	第8課 実践活動
hěn	很 副 とても	第3課 ポイント
Héngbīn	横滨 名 横浜	第3課 実践活動
hóngchá	红茶 名 紅茶	第2課 練習
hóngsè	红色 名 赤色	第8課 会話
hòu	后 名 後	第13課 会話

hòubian(r)	后边(儿) 名 後ろ	第5課 実践活動
huā	花 動 (お金・時間などを) 使う、費やす	第8課 講読
huà	话 名 話	第12課 ポイント
huàn	换 動 換える	第7課 講読
Huánqiúyǐngchéng	环球影城 名 ユニバーサルスタジオ	第9課 実践活動
Huáng	黄 黄(人名)	第16課 会話
huángsè	黄色 名 黄色	第8課 実践活動
huí	回 動 帰る	第9課 講読
huí//jiā	回家 動 家に帰る	第6課 ポイント
huì	会 助動 (習得して)～できる	第10課 ポイント
huódòng	活动 名 活動	第10課 講読

I

IG	名 Instagram(インスタグラム)	第14課 会話

J

jǐ	几 代 いくつ	第4課 ポイント
jìhuà	计划 名 計画	第9課 実践活動
jìmò	寂寞 形 寂しい	第14課 実践活動
jìniànpǐn	纪念品 名 記念品、お土産	第6課 講読
jìshígōngrén	计时工人 パートタイマー	第1課 実践活動
jìxù	继续 動 継続する	第16課 実践活動
jiā	家 名 家 量 ～軒 (商店や企業を数える)	第5課 ポイント
jiā	加 動 加える	第14課 会話
jiārén	家人 名 家族	第9課 会話
jiātíngzhǔfù	家庭主妇 名 専業主婦	第1課 実践活動
jiàqián	价钱 名 値段	第8課 講読
jiàn	件 量 ～着(衣類[主に上着]を 数える)	第10課 ポイント、 第8課 実践活動
jiànjiàn	渐渐 副 だんだん	第13課 講読
jiānglái	将来 名 将来	第16課 講読
jiàn//miàn	见面 動 会う	第9課 講読
jiāo	教 動 教える	第11課 ポイント
jiào	叫 動 ～という(フルネームを 言う時に使う)	第1課 会話
jiāoliú	交流 動 交流する	第15課 実践活動

jiāotōng	交通 名 交通	第7課 実践活動
jiǎozi	饺子 名 ギョーザ	第2課 実践活動
jiàoshì	教室 名 教室	第13課 ポイント
jiàoyù	教育 名 教育	第16課 実践活動
jié//hūn	结婚 動 結婚する	第16課 ポイント
jiějie	姐姐 名 姉	第4課 ポイント
jiéshù	结束 動 終わる	第9課 会話
jìn	近 形 近い	第7課 ポイント
Jīn Dōngguó	金东国 金東国(キム・ドングク)(人名)	第1課 講読
Jīngésì	金阁寺 名 金閣寺	第9課 実践活動
jīnnián	今年 名 今年	第4課 会話
jīnróng	金融 名 金融	第16課 実践活動
jīntiān	今天 名 今日	第3課 ポイント
jǐnzhāng	紧张 形 緊張している	第12課 ポイント
jìnlai	进来 動（方向補語）入って来る	第13課 ポイント
jìnqu	进去 動（方向補語）入っていく	第16課 ポイント
jīngcháng	经常 副 しょっちゅう、よく	第10課 実践活動
Jīngdū	京都 名 京都	第5課 練習、第3課 実践活動
Jīngdūzhàn	京都站 名 京都駅	第6課 実践活動
jīngjì	经济 名 経済	第16課 練習
jīngjìxué	经济学 名 経済学	第12課 実践活動
jīngyíng	经营 名 経営	第16課 実践活動
jīngyíngxué	经营学 名 経営学	第12課 実践活動
jìngtóu	镜头 名 レンズ	第8課 講読
jiùyào	就要 副 もうすぐ	第16課 ポイント
juéde	觉得 動 感じる	第14課 実践活動

K

kāfēi	咖啡 名 コーヒー	第2課 ポイント
kāfēiguǎn	咖啡馆 名 カフェ、喫茶店	第5課 ポイント
kǎlā OK	卡拉OK 名 カラオケ	第10課 実践活動
kāi	开 動 開く	第11課 会話、
	動（電源を）入れる	第14課 会話、
	動 運転する	第16課 ポイント

kāi//chē	开车 動（車を）運転する	第9課 ポイント
kāishǐ	开始 動 始まる	第9課 会話
kāixīn	开心 形 楽しい	第14課 実践活動
kàn	看 動 見る	第4課 会話、
	動 読む	第6課 ポイント、
	動 見舞う、診察してもらう	第13課 会話
kǎo	考 動 試験を受ける	第12課 講読
kǎoshì	考试 名 試験	第12課 会話
kǎo//shì	考试 動 試験を受ける	第16課 会話
kè	刻 量 15分	第11課 ポイント
kè	课 名 授業	第12課 講読
kēmùshù	科目数 名 科目数	第12課 実践活動
késou	咳嗽 動 咳をする	第13課 会話
kě'ài	可爱 形 かわいい	第4課 会話
kělè	可乐 名 コーラ	第2課 会話
kěyǐ	可以 助動 ～してもよい	第14課 ポイント
kèrén	客人 名 客	第6課 講読
kōngtiáo	空调 エアコン	第5課 実践活動
kù	酷 形 かっこいい	第8課 会話
kuài	快 形 速い	第10課 ポイント、
	副 急いで、早く	第15課 会話、
	副 もうすぐ	第16課 ポイント
kuàicāndiàn	快餐店 名 ファストフード店	第6課 実践活動
kuàiyào	快要 副 もうすぐ	第16課 ポイント
kuǎn	款 名 デザイン	第8課 講読
kuàngquánshuǐ	矿泉水 名 ミネラルウォーター	第11課 ポイント

L

lā dùzi	拉肚子 下痢をする	第13課 実践活動
lái	来 動 来る	第2課 ポイント
lánqiú	篮球 名 バスケットボール	第15課 講読
lánsè	蓝色 名 青色	第8課 実践活動
lǎobǎn	老板 名 店主、店長	第15課 実践活動
lǎojiā	老家 名 故郷、実家	第9課 講読
lǎolao	姥姥 名（母方の）祖母	第4課 実践活動

lǎoniánrén	老年人 名 高齢者		第15課 実践活動
lǎoshī	老师 名 先生		第1課 ポイント
lǎoye	老爷 名 (母方の)祖父		第4課 実践活動
le	了 助 ～した		第8課 ポイント
	助 ～になった		第11課 ポイント
lèi	累 形 疲れている		第3課 ポイント
lěng	冷 形 寒い		第3課 ポイント
lí	离 介 ～から、～まで		第7課 ポイント
li	里 名 ～の中		第5課 ポイント
lǐbian(r)	里边(儿) 名 中、内部		第5課 講読
Lǐ Lìhóng	李力宏 李力宏(人名)		第1課 実践活動
Lǐ Nán	李南 李南(人名)		第1課 会話
lǐwù	礼物 名 プレゼント		第11課 会話
lǐxiǎng	理想 名 理想		第16課 講読
lìqi	力气 名 力		第13課 会話
lìshǐxué	历史学 名 歴史学		第12課 実践活動
liǎng	两 数 2(数量を表す)		第4課 ポイント
liángkuai	凉快 形 涼しい		第3課 ポイント
liánxì	联系 動 連絡する		第14課 実践活動
liànxí	练习 動 練習する		第10課 会話
liáo//tiānr	聊天儿 おしゃべりをする、 チャットをする		第14課 実践活動
liǎobuqǐ	了不起 すばらしい		第10課 会話
LINE	名 ライン		第14課 会話
lìng	另 代 ほかの		第8課 実践活動
lǐngdài	领带 名 ネクタイ		第11課 実践活動
Língmù	铃木 鈴木(人名)		第4課 実践活動
liúgǎn	流感 名 インフルエンザ		第13課 講読
liú//xué	留学 動 留学する		第16課 講読
liúxuéshēng	留学生 名 留学生		第1課 ポイント
lù	路 名 道		第16課 ポイント
lùsè	绿色 名 緑色		第8課 講読
lǚyóu	旅游 名 旅行		第6課 講読、
	動 旅行する		第9課 会話

M

ma	吗 助 ～か		第1課 ポイント
māma	妈妈 名 お母さん		第2課 ポイント、 第1課 実践活動
mápódòufu	麻婆豆腐 名 麻婆豆腐		第2課 実践活動
mǎshàng	马上 副 すぐ		第15課 会話
mǎi	买 動 買う		第8課 ポイント
Màikè	麦克 マイク(人名)		第1課 実践活動
máng	忙 形 忙しい		第6課 講読
màozi	帽子 名 帽子		第3課 ポイント
měi	每 代 それぞれ、毎～		第10課 講読
méiyou	没有 動 ～ほど…でない もっていない、ない、 いない		第4課 ポイント、
	副 ～していない、 ～しなかった		第8課 ポイント
Měiguó	美国 名 アメリカ		第6課 ポイント
Měiguórén	美国人 名 アメリカ人		第1課 実践活動
měi nián	每年 毎年		第11課 講読
měishìgǎnlǎnqiú	美式橄榄球 名 アメリカンフットボール		第15課 実践活動
měishù	美术 名 美術		第15課 実践活動
měi tiān	每天 毎日		第7課 ポイント
mèimei	妹妹 名 妹		第4課 会話
mén	门 名 ドア		第5課 実践活動、
	量 ～科目(科目を数える)		第12課 講読
mēnrè	闷热 形 蒸し暑い		第3課 実践活動
mǐ	米 量 メートル		第10課 ポイント
miànbāo	面包 名 パン		第2課 ポイント
miànbāodiàn	面包店 名 パン屋		第6課 実践活動
miàntiáo	面条 名 麺		第2課 練習
Mínggǔwū	名古屋 名 名古屋		第9課 実践活動
míngzi	名字 名 名前		第1課 会話
míngnián	明年 名 来年		第16課 会話、 第12課 実践活動
míngtiān	明天 名 明日		第7課 ポイント
mò	末 名 末		第16課 会話
mótuōchē	摩托车 名 オートバイ		第7課 実践活動

147

Mùxià Huìzǐ	木下惠子 木下惠子(人名)	第1課 実践活動	

N

nà	那 代 あれ、それ 接 それでは	第6課 会話
nǎge	哪个 代 どれ	第2課 ポイント
nǎinai	奶奶 名(父方の)祖母	第4課 実践活動
nán	难 形 難しい	第3課 ポイント
nǎr	哪儿 代 どこ	第5課 会話
nàr	那儿 代 あそこ、そこ	第6課 講読
ne	呢 助 ～は?	第2課 ポイント、
	助 ～している	第12課 ポイント
néng	能 助動(能力・条件があり) ～できる	第10課 ポイント
nǐ	你 代 あなた	第1課 ポイント
nǐ hǎo	你好 こんにちは	第1課 会話
nǐ jiào shénme míngzi	你叫什么名字 あなたの名前はなんですか?	第1課 会話
nǐmen	你们 代 あなたたち	第1課 ポイント
nián	年 名 年	第16課 会話
niánjí	年级 名 学年、～年生	第4課 講読
niánlíng	年龄 名 年齢	第4課 実践活動
nín guìxìng	您贵姓 お名前は?(姓を聞く)	第1課 会話
niúnǎi	牛奶 名 牛乳	第2課 練習
nǚ'ér	女儿 名 娘	第14課 ポイント
nuǎnhuo	暖和 形 暖かい	第11課 ポイント、 第3課 実践活動

O

ò	哦 感 ああ、おお	第12課 会話

P

pá//shān	爬山 動 登山する	第9課 実践活動
páiqiú	排球 名 バレーボール	第15課 実践活動
pángbiān(r)	旁边(儿) 名 そば	第5課 会話
pǎo	跑 動 走る	第10課 ポイント
pǎo//bù	跑步 動 ジョギングをする	第10課 実践活動
pào wēnquán	泡温泉 温泉に入る	第9課 実践活動
péngyou	朋友 名 友達	第1課 講読
péngyouquān	朋友圈 名(WeChatの)モーメンツ	第14課 会話

píjiǔ	啤酒 名 ビール	第2課 実践活動
piányi	便宜 形 安い	第8課 講読
píng	瓶 量 ～本 (瓶入りのものを数える)	第11課 ポイント
pīngpāngqiú	乒乓球 名 卓球	第10課 会話
píngbǎn diànnǎo	平板电脑 名 タブレットPC	第14課 ポイント
píngguǒ	苹果 名 リンゴ	第2課 練習
Píngguǒ	苹果 名 アップル(企業名)	第8課 会話
pínglùn	评论 名 コメント	第14課 実践活動
píngrì	平日 名 平日	第6課 実践活動
píngshí	平时 名 ふだん	第14課 会話

Q

qí	骑 動(またいで)乗る	第7課 講読
qīdài	期待 動 期待する、待ち望む	第9課 講読
qīzhōng	期中 名(学期の)中間	第12課 講読
qízhōng	其中 名 その中	第12課 講読
qǐ//chuáng	起床 動 起きる	第7課 講読
qǐlai	起来 動(方向補語)下から上へ、 (ある状態が)現れ始める	第13課 ポイント
qìchē	汽车 名 自動車	第3課 ポイント
qìwēn	气温 名 気温	第3課 講読
qiān	千 数 千	第6課 会話
qián	前 名 前	第14課 講読
qián	钱 名 お金	第6課 会話
qiánbāo	钱包 名 財布	第15課 ポイント、 第11課 実践活動
qiánbian(r)	前边(儿) 名 前	第5課 実践活動
qiáng	墙 名 壁	第14課 ポイント
qiǎokèlì	巧克力 名 チョコレート	第3課 会話
qǐng	请 動 頼む、 どうぞ～してください	第9課 ポイント
qǐng//jià	请假 動 休みをもらう	第13課 講読
qǐngjiào	请教 動 教えてもらう	第12課 会話
Qīngshuǐsì	清水寺 名 清水寺	第6課 講読
qīngyīnyuè	轻音乐 名 軽音楽	第15課 実践活動
qiūtiān	秋天 名 秋	第3課 実践活動

Pinyin	Chinese	Japanese	Reference
Qiūyèyuán	秋叶原 名 秋葉原		第9課 実践活動
qù	去 動 行く		第2課 ポイント
qùnián	去年 名 去年		第11課 実践活動
quánguó	全国 名 全国		第10課 会話
quánshēn	全身 名 全身		第13課 会話

R

Pinyin	Chinese	Japanese	Reference
ránhòu	然后 接 それから		第7課 講読
ràng	让 動 ～させる、～するように言う		第14課 ポイント
rè	热 形 暑い		第3課 ポイント
rén	人 名 人		第4課 ポイント
rènshi nǐ hěn gāoxìng	认识你很高兴 お知り合いになれてうれしいです		第1課 会話
rènzhēn	认真 形 まじめである		第10課 講読
Rìběn	日本 名 日本		第2課 ポイント
Rìběnrén	日本人 名 日本人		第1課 ポイント
Rìyǔ	日语 名 日本語		第2課 講読
Rìyuán	日元 名 日本円		第6課 会話
ruǎnjiàn	软件 名 ソフトウェア、アプリ		第14課 講読

S

Pinyin	Chinese	Japanese	Reference
sàn//bù	散步 動 散歩する		第10課 実践活動
sǎngzi	嗓子 名 のど		第13課 会話
sǎo	扫 動 読み取る、スキャンする		第14課 講読
shālā	沙拉 名 サラダ		第2課 講読
Shāntián	山田 山田(人名)		第4課 講読
shang	上 名 ～の上 名 ～の中 動 (方向補語) ぴったりくっつく		第5課 ポイント、第14課 講読
shāngchǎng	商场 名 ショッピングモール		第9課 ポイント
shāngdiàn	商店 名 商店		第6課 講読
shāngxīn	伤心 形 悲しむ		第15課 講読
shàng//bān	上班 動 出勤する		第9課 ポイント
shàngbian(r)	上边(儿) 名 上		第5課 実践活動
shàng cì	上次 前回		第15課 講読
shàng ge xīngqī	上个星期 先週		第13課 講読
shàng//kè	上课 動 授業に出る		第10課 ポイント
shàngmiàn	上面 名 上、表面		第8課 講読
shàng//wǎng	上网 動 インターネットに接続する、インターネットをする		第14課 講読
shèjiāo ruǎnjiàn	社交软件 ソーシャルアプリ		第14課 会話
shètuán	社团 名 クラブ、サークル		第9課 講読
shéi	谁 代 誰		第9課 会話
Shénhù	神户 名 神戸		第7課 実践活動
shēngrì	生日 名 誕生日		第11課 会話
Shèngdàn Jié	圣诞节 名 クリスマス		第11課 講読
shèngdàn wǎnhuì	圣诞晚会 クリスマスパーティー		第11課 講読
shēntǐ	身体 名 体		第13課 会話
shénme	什么 代 なに		第2課 ポイント
shénme shíhou	什么时候 いつ		第9課 会話
shí	时 名 時		第16課 講読、第14課 実践活動
shì	事 名 用事		第15課 ポイント
shì	是 動 ～だ、～である		第1課 ポイント
shíhou	时候 名 時		第10課 会話
shíjiān	时间 名 時間		第7課 会話
shíqī	时期 名 時期		第9課 実践活動
shítáng	食堂 名 食堂		第5課 ポイント
shíwù	食物 名 食べ物		第2課 実践活動
shíyù	食欲 名 食欲		第13課 実践活動
shì a	是啊 そうですね		第3課 会話
shì ma?	是吗? そうですか?		第8課 会話
shìpín	视频 名 動画		第14課 実践活動
shìpín tōnghuà	视频通话 名 ビデオ通話		第14課 実践活動
shǒubiǎo	手表 名 腕時計		第11課 実践活動
shǒuduàn	手段 名 手段		第7課 実践活動
shǒujī	手机 名 携帯電話		第8課 会話
shǒujītào	手机套 名 携帯カバー		第11課 会話
shǒujuàn	手绢 名 ハンカチ		第11課 実践活動
shǒutíbāo	手提包 名 ハンドバッグ		第11課 実践活動
shòu//shāng	受伤 動 負傷する		第15課 講読

shū	书 名 本	第3課 ポイント
shūdiàn	书店 名 書店	第5課 会話
shūfu	舒服 形 気分がよい、体調がよい	第13課 会話
shūjià	书架 名 本棚	第5課 実践活動
shǔjià	暑假 名 夏休み	第9課 会話
shùxué	数学 名 数学	第11課 ポイント
shuā shǒujī	刷手机 携帯電話をいじる	第14課 実践活動
shuāng	双 量 〜足(対のものを数える)	第8課 ポイント
shuǐguǒ	水果 名 果物	第8課 ポイント
shuǐpíng	水平 名 程度、レベル	第10課 実践活動
shuì//guò//tóu	睡过头 寝過ごす	第15課 会話
shuì//jiào	睡觉 動 眠る	第6課 ポイント
shuō	说 動 話す、言う	第9課 ポイント、
	動 説教する、しかる	第15課 会話
shuō//huà	说话 動 話をする	第15課 ポイント
sòng	送 動 贈る	第11課 会話
suì	岁 量 〜歳	第4課 ポイント
suǒyǐ	所以 接 したがって、だから	第15課 会話 第13課 実践活動

T

tā	他 代 彼	第1課 ポイント
tā	她 代 彼女	第1課 ポイント
tāmen	他们 代 彼ら	第1課 ポイント
tāmen	她们 代 彼女ら	第1課 ポイント
tái	台 量 〜台	第4課 ポイント
tài	太 副 〜すぎる	第16課 ポイント
tài〜le	太〜了 とても〜だ	第3課 会話
Táiwān	台湾 名 台湾	第9課 ポイント
tán	弹 動 弾く	第7課 ポイント
tàng	趟 量 〜回(往復の回数を数える)	第9課 講読
tàocān	套餐 名 定食、セットメニュー	第2課 講読
tèbié	特别 副 とりわけ	第9課 講読
téng	疼 形 痛い	第13課 会話
tī	踢 動 ける	第6課 ポイント

tǐyùguǎn	体育馆 名 体育館	第5課 講読
tiān	天 量 〜日	第13課 会話
tiānqì	天气 名 天気	第3課 会話
tiào//wǔ	跳舞 動 ダンスをする	第10課 実践活動
tīng	听 動 聞く	第12課 ポイント
tōngguò	通过 介 〜を通じて	第15課 実践活動
tóngxué	同学 名 クラスメート	第9課 会話
tōu	偷 動 盗む	第15課 ポイント
tóu yūn	头晕 めまいがする	第13課 実践活動
tóuténg	头疼 形 頭痛がする	第13課 実践活動
túshūguǎn	图书馆 名 図書館	第5課 会話
tuánzhǎng	团长 名 (サークルの)部長	第15課 会話
tuǐ	腿 名 足(くるぶしから足のつけ根までの部分)	第15課 講読
Txù	T恤 名 Tシャツ	第8課 実践活動

W

wàiguó	外国 名 外国	第6課 講読
wàiyǔ	外语 名 外国語	第10課 講読
wán	完 動 〜し終える	第12課 ポイント
wǎn	晚 形 遅い	第15課 会話
wàn	万 数 万	第8課 会話
wǎnhuì	晚会 名 (夜の)パーティー	第11課 会話
wǎnshang	晚上 名 夜、晩	第7課 ポイント
Wáng Jìng	王静 王静(人名)	第1課 講読
wǎng	网 名 インターネット	第8課 会話
wǎngqiú	网球 名 テニス	第10課 会話
wánr	玩儿 動 遊ぶ	第16課 ポイント
wéi	喂 もしもし	第12課 会話
Wēixìn	微信 名 WeChat(ウィーチャット)	第14課 会話
wéijīn	围巾 名 マフラー	第11課 実践活動
wèidao	味道 名 味	第3課 会話
wèi shénme	为什么 なぜ	第16課 会話
wèizhì	位置 名 場所	第5課 実践活動
wèn	问 動 尋ねる	第11課 ポイント
wénxué	文学 名 文学	第12課 実践活動

wèntí	问题 名 質問、問題	第11課 ポイント	
wǒ	我 代 私	第1課 ポイント	
wǒmen	我们 代 私たち	第1課 講読	
wūlóngchá	乌龙茶 名 ウーロン茶	第2課 実践活動	

X

xīwàng	希望 動 希望する、望む	第16課 実践活動
xīguā	西瓜 名 スイカ	第8課 練習
xǐhuan	喜欢 動 好きである	第8課 会話
xǐshǒujiān	洗手间 名 トイレ	第5課 ポイント
xǐ//zǎo	洗澡 動 入浴する	第12課 ポイント
xìjù	戏剧 名 演劇	第15課 実践活動
xiàbian(r)	下边(儿) 名 下	第5課 ポイント
xià cì	下次 次回	第15課 会話
xià//chē	下车 動 車を降りる、降車する	第7課 講読
xià ge yuè	下个月 来月	第15課 講読
xià//kè	下课 動 授業が終わる	第13課 会話
xiàlai	下来 動 (方向補語)下りて来る	第13課 ポイント
xiàtiān	夏天 名 夏	第3課 実践活動
xiàwǔ	下午 名 午後	第5課 会話
xiān	先 副 まず	第7課 講読
xiànmù	羡慕 動 うらやむ	第4課 会話
xiànzài	现在 名 今	第6課 会話
xiǎng	想 助動 ～したい	第6課 ポイント
xiāngcǎo	香草 名 バニラ	第3課 講読
xiāngcháng	香肠 名 ソーセージ	第2課 実践活動
xiāngshuǐ	香水 名 香水	第11課 実践活動
xiàngliàn	项链 名 ネックレス	第11課 実践活動
xiǎo	小 形 年下である	第4課 会話、
	～君、～さん(ちゃん)	第12課 会話、
	形 小さい	第13課 講読
xiǎoshí	小时 名 時間	第6課 会話
xiǎoxīn	小心 動 気をつける	第13課 講読
xiǎoxué	小学 名 小学校	第10課 会話
xiǎoxuéshēng	小学生 名 小学生	第11課 ポイント

xiàomén	校门 名 校門	第5課 会話
xiàoyuán	校园 名 キャンパス	第5課 講読
xié	鞋 名 靴	第8課 ポイント
xiě	写 動 書く	第14課 実践活動
xièxie	谢谢 ありがとう	第8課 会話
xīn	新 形 新しい	第8課 会話
Xīngànxiàn	新干线 名 新幹線	第7課 実践活動
xīnlǐxué	心理学 名 心理学	第12課 実践活動
xìng	姓 動 ～という姓である、～を姓とする	第1課 会話
Xīngbākè	星巴克 名 スターバックスコーヒー	第5課 会話
xīngqī jǐ	星期几 何曜日	第6課 会話
xīngqī'èr	星期二 名 火曜日	第6課 実践活動
xīngqīliù	星期六 名 土曜日	第6課 会話
xīngqīsān	星期三 名 水曜日	第6課 練習
xīngqīsì	星期四 名 木曜日	第15課 実践活動
xīngqītiān	星期天 名 日曜日	第6課 会話
xīngqīwǔ	星期五 名 金曜日	第10課 実践活動
xīngqīyī	星期一 名 月曜日	第6課 実践活動
xìngqù	兴趣 名 興味	第10課 会話
xiōngdì jiěmèi	兄弟姐妹 兄弟	第4課 会話
xiūxi	休息 動 休む、休憩する	第8課 ポイント
xūyào	需要 動 必要である	第6課 会話
xuǎnxiū	选修 動 選択履修する	第12課 講読
xué	学 動 学ぶ	第2課 講読
xué//hǎo	学好 マスターする	第16課 講読
xuéqī	学期 名 学期	第16課 会話、第12課 実践活動
xuésheng	学生 名 学生	第1課 ポイント
xuéxí	学习 動 勉強する	第7課 ポイント
xuéxiào	学校 名 学校	第3課 ポイント

Y

yàjūn	亚军 名 準優勝	第15課 講読
yánjiūshì	研究室 名 研究室	第12課 講読
yánsè	颜色 名 色	第8課 会話

151

yǎng	痒 形 かゆい	第13課 実践活動
yǎng//lǎo	养老 动 老人をいたわり養う	第16課 実践活動
yǎnglǎo hángyè	养老行业 名 介護業界	第16課 実践活動
yǎnglǎoyuàn	养老院 名 老人ホーム	第15課 実践活動
yào	要 动 ほしい、注文する	第2課 ポイント、
	动 かかる 助动 ～しなければならない	第7課 ポイント、
	助动 したい	第9課 講読、
	助动 もうすぐ～となる	第16課 ポイント
yào	药 名 薬	第13課 会話
yàojǐn	要紧 形 ひどい、深刻である	第13課 会話
yàoxué	药学 名 薬学	第12課 実践活動
yàozhuāngdiàn	药妆店 名 ドラッグストア	第6課 実践活動
yě	也 副 ～も	第1課 ポイント
yéye	爷爷 名 (父方の)おじいさん	第7課 ポイント、 第4課 実践活動
yīfu	衣服 名 服	第10課 ポイント
yīshēng	医生 名 医者	第1課 ポイント
yīyuàn	医院 名 病院	第7課 ポイント
yídìng	一定 副 絶対に、必ず	第15課 会話
yígòng	一共 副 全部で	第7課 講読
yíxià	一下 ちょっと～する	第15課 会話
yǐhòu	以后 名 ～の後	第7課 講読
yǐjīng	已经 副 すでに、もう	第12課 ポイント
yǐqián	以前 名 以前	第9課 会話
yǐzi	椅子 名 椅子	第5課 ポイント
yìbān	一般 形 一般的に、普通	第6課 講読
Yìdàlìmiàn	意大利面 名 パスタ	第2課 会話
yìqǐ	一起 副 一緒に	第3課 講読
yìtiān	一天 名 同じ日	第11課 講読
yìxiē	一些 いくつか	第12課 講読
yìzhí	一直 副 ずっと	第8課 会話
yīnwèi	因为 接 ～なので	第15課 ポイント
yínháng	银行 名 銀行	第2課 ポイント
yǐnliào	饮料 名 飲み物	第2課 実践活動

Yìndù	印度 名 インド	第9課 ポイント
yīnggāi	应该 助动 ～でなければならない	第13課 講読
Yīngyǔ	英语 名 英語	第10課 講読
yòng	用 介 ～で	第10課 講読、
	动 使う	第14課 ポイント
yóu	游 动 泳ぐ	第10課 ポイント
yǒu	有 动 持つ、ある、いる	第4課 ポイント
yòu	又 副 また	第16課 ポイント
Yōuyīkù	优衣库 ユニクロ(店名)	第8課 実践活動
yóu//yǒng	游泳 动 泳ぐ	第10課 ポイント
yǒudiǎnr	有点儿 副 少し～だ	第12課 ポイント
yǒumíng	有名 形 有名である	第15課 講読
yǒushí	有时 副 時には	第14課 会話
yǒu yìsi	有意思 おもしろい	第16課 会話
yǒu wú	有无 有無	第4課 実践活動
yòubian(r)	右边(儿) 名 右	第5課 実践活動
yúkuài	愉快 形 愉快だ、楽しい	第11課 実践活動
yǔfǎ	语法 名 文法	第12課 講読
yǔsǎn	雨伞 名 傘	第4課 ポイント
yuǎn	远 形 遠い	第7課 会話
yuè	月 名 ～月	第9課 会話

Z		
zài	再 副 再び、もう一度	第9課 ポイント
zài	在 动 ～にある、～にいる	第5課 ポイント、
	介 ～で	第6課 ポイント、
	副 ～している	第12課 ポイント
zánmen	咱们 代 (聞き手を含む)私たち	第5課 会話
zěnme	怎么 代 どのように	第7課 会話、
	代 どうして	第15課 会話
zěnme le	怎么了 どうしましたか?	第12課 会話
zěnmeyàng	怎么样 代 どうですか	第3課 会話
zhǎi	窄 形 幅が狭い	第16課 ポイント
zhāng	张 量 ～台(広い表面のあるものを数える)	第5課 実践活動、
	量 ～枚	第14課 ポイント

152

zhǎo	找 動 探す	第16課 実践活動	
zháojí	着急 形 焦る	第12課 会話	
zhàopiàn	照片 名 写真	第4課 会話	
zhào//xiàng	照相 動 写真を撮る	第8課 講読	
zhè	这 代 これ	第2課 会話	
zhe	着 助 ～している	第14課 ポイント	
zhè cì	这次 今回	第9課 会話	
zhège	这个 代 これ	第2課 ポイント	
zhēn	真 副 本当に	第3課 会話	
zhēn de	真的 本当に	第10課 会話	
zhēnzhū nǎichá	珍珠奶茶 名 タピオカミルクティー	第2課 実践活動	
zhèngzài	正在 副 ちょうど～している	第12課 ポイント	
zhèngzhuàng	症状 名 症状	第13課 実践活動	
zhèr	这儿 代 ここ、そこ	第6課 ポイント	
zhī	枝 量 ～本（棒状のものを数える）	第4課 ポイント	
zhǐ	只 副 ただ～だけ	第8課 講読	
zhīdao	知道 動 知っている、わかる	第15課 会話	
zhíyè	职业 名 職業	第1課 実践活動	
zhìyuànzhě	志愿者 名 ボランティア	第15課 実践活動	
zhìzào	制造 名 製造	第16課 実践活動	
zhōngdiǎn gōngzī	钟点工资 名 時給	第6課 実践活動	
Zhōngguó	中国 名 中国	第2課 ポイント	
Zhōngguórén	中国人 名 中国人	第1課 ポイント	
zhōngwǔ	中午 名 昼	第13課 実践活動	
zhǒnglèi	种类 名 種類	第3課 講読	
zhòngyào	重要 形 重要である	第14課 講読	
zhōumò	周末 名 週末	第6課 講読	
zhǔbō	主播 名 配信者	第14課 実践活動	
zhùhè	祝贺 動 祝う	第11課 講読	
zhù//yì	注意 動 注意する	第15課 会話	
zhuānyè	专业 名 専攻	第12課 実践活動	
zhuàn//qián	赚钱 動 お金をかせぐ	第6課 会話	
zhuàng	撞 動 ぶつかる	第15課 講読	
zhǔnbèi	准备 動 準備する	第11課 会話	
zhuōzi	桌子 名 テーブル	第5課 ポイント	
zīliào	资料 名 資料	第14課 講読	
zǐsè	紫色 名 紫色	第8課 実践活動	
zìjǐ	自己 代 自分（で）	第11課 実践活動	
zìxíngchē	自行车 名 自転車	第7課 講読	
zōngsè	棕色 名 茶色	第8課 実践活動	
zǒngshì	总是 副 いつも	第14課 講読	
zǒu	走 動 行く、出発する 動 歩く	第5課 ポイント、第7課 会話	
zǒu//lù	走路 動 （道を）歩く	第7課 会話	
zúqiú	足球 名 サッカー	第6課 ポイント	
zuì	最 副 最も	第8課 講読	
zuìjìn	最近 名 最近	第8課 講読	
zuò	坐 動 乗る	第7課 講読	
zuò	做 動 する	第8課 ポイント	
zuótiān	昨天 名 昨日	第3課 ポイント	
zuǒbian(r)	左边(儿) 名 左	第5課 会話	
zuǒyòu	左右 名 ～くらい	第7課 講読	
zuò cài	做菜 料理を作る	第10課 実践活動	
zuò diǎnxin	做点心 お菓子を作る	第10課 実践活動	
zuòyè	作业 名 宿題	第8課 ポイント	

ご採用の先生方へ

本テキストには plus⁺Media の文法解説動画の中に確認問題があり、それらは次に説明する CheckLink に対応しています（このテキスト自体には CheckLink 対応の問題はありませんのでご注意ください）。

CheckLink を使用しなくても問題は解けますが、授業活性化に役立つツールです。右ページをご参考いただき、ぜひご活用ください。

なお、付録の内容などの詳しい説明は、教授用資料にありますので、そちらもご参考いただけますと幸いです。

本書は CheckLink（チェックリンク）対応テキストです。

CheckLinkのアイコンが表示されている設問は、CheckLink に対応しています。

CheckLink を使用しなくても従来通りの授業ができますが、特色をご理解いただき、授業活性化のためにぜひご活用ください。

CheckLinkの特色について

　大掛かりで複雑な従来のe-learningシステムとは異なり、CheckLinkのシステムは大きな特色として次の3点が挙げられます。

1. これまで行われてきた教科書を使った授業展開に大幅な変化を加えることなく、専門的な知識なしにデジタル学習環境を導入することができる。
2. PC教室やCALL教室といった最新の機器が導入された教室に限定されることなく、普通教室を使用した授業でもデジタル学習環境を導入することができる。
3. 授業中での使用に特化し、教師・学習者双方のモチベーション・集中力をアップさせ、授業自体を活性化することができる。

▶教科書を使用した授業に「デジタル学習環境」を導入できる

　本システムでは、学習者は教科書のCheckLinkのアイコンが表示されている設問にPCやスマートフォン、アプリからインターネットを通して解答します。そして教師は、授業中にリアルタイムで解答結果を把握し、正解率などに応じて有効な解説を行うことができるようになっています。教科書自体は従来と何ら変わりはありません。解答の手段としてCheckLinkを使用しない場合でも、従来通りの教科書として使用して授業を行うことも、もちろん可能です。

▶教室環境を選ばない

　従来の多機能なe-learning教材のように学習者側の画面に多くの機能を持たせることはせず、「解答する」ことに機能を特化しました。PCだけでなく、一部タブレット端末やスマートフォン、アプリからの解答も可能です。したがって、PC教室やCALL教室といった大掛かりな教室は必要としません。普通教室でもCheckLinkを用いた授業が可能です。教師はPCだけでなく、一部タブレット端末やスマートフォンからも解答結果の確認をすることができます。

▶授業を活性化するための支援システム

　本システムは予習や復習のツールとしてではなく、授業中に活用されることで真価を発揮する仕組みになっています。CheckLinkというデジタル学習環境を通じ、教師と学習者双方が授業中に解答状況などの様々な情報を共有することで、学習者はやる気を持って解答し、教師は解答状況に応じて効果的な解説を行う、という好循環を生み出します。CheckLinkは、普段の授業をより活力のあるものへと変えていきます。

　上記3つの大きな特色以外にも、掲示板などの授業中に活用できる機能を用意しています。従来通りの教科書としても使用はできますが、ぜひCheckLinkの機能をご理解いただき、普段の授業をより活性化されたものにしていくためにご活用ください。

CheckLink の使い方

CheckLinkは、PCや一部のタブレット端末、スマートフォン、アプリを用いて、この教科書にある
⟳CheckLink のアイコン表示のある設問に解答するシステムです。
・初めてCheckLinkを使う場合、以下の要領で**「学習者登録」**と**「教科書登録」**を行います。
・一度登録を済ませれば、あとは毎回**「ログイン画面」**から入るだけです。CheckLinkを使う
　教科書が増えたときだけ、改めて**「教科書登録」**を行ってください。

CheckLink URL

https://checklink.kinsei-do.co.jp/student/

登録は CheckLink 学習者用
アプリが便利です。ダウン
ロードはこちらから ▶▶▶

▶学習者登録 （PC ／タブレット／スマートフォンの場合）

①上記URLにアクセスすると、右のページが表示されます。学校名を入力し
　「ログイン画面へ」を選択してください。
　PCの場合は「PC用はこちら」を選択してPC用ページを表示します。同
　様に学校名を入力し「ログイン画面へ」を選択してください。
②ログイン画面が表示されたら「初めての方はこちら」を選択し
　「学習者登録画面」に入ります。

③自分の学籍番号、氏名、メールアドレス（学校
　のメールなど**PCメールを推奨**）を入力し、次
　に**任意のパスワード**を8桁以上20桁未満（半
　角英数字）で入力します。なお、学籍番号は
　パスワードとして使用することはできません。
④「パスワード確認」は、❸で入力したパスワー
　ドと同じものを入力します。
⑤最後に「登録」ボタンを選択して登録は完了
　です。次回からは、「ログイン画面」から学籍
　番号とパスワードを入力してログインしてく
　ださい。

▶教科書登録

①ログイン後、メニュー画面から「教科書登録」を選び（PCの場合はその後「新規登録」ボタンを選択）、「教科書登録」画面を開きます。

②教科書と受講する授業を登録します。
教科書の最終ページにある、**教科書固有番号**のシールをはがし、印字された**16桁の数字とアルファベット**を入力します。

③授業を担当される先生から連絡された**11桁の授業ID**を入力します。

④最後に「登録」ボタンを選択して登録は完了です。

⑤実際に使用する際は「教科書一覧」（PCの場合は「教科書選択画面」）の該当する教科書名を選択すると、「問題解答」の画面が表示されます。

▶問題解答

①問題は教科書を見ながら解答します。この教科書の ⟳CheckLink のアイコン表示のある設問に解答できます。

②問題が表示されたら選択肢を選びます。

③表示されている問題に解答した後「解答」ボタンを選択すると解答が登録されます。

▶CheckLink 推奨環境

PC

推奨 OS
　Windows 7, 10 以降
　MacOS X 以降

推奨ブラウザ
　Internet Explorer 8.0 以上
　Firefox 40.0 以上
　Google Chrome 50 以上
　Safari

携帯電話・スマートフォン
　3G 以降の携帯電話（docomo, au, softbank）
　iPhone, iPad（iOS9 ～）
　Android OS スマートフォン、タブレット

・最新の推奨環境についてはウェブサイトをご確認ください。
・上記の推奨環境を満たしている場合でも、機種によってはご利用いただけない場合もあります。また、
　推奨環境は技術動向等により変更される場合があります。

▶CheckLink 開発
CheckLink は奥田裕司 福岡大学教授、正興 IT ソリューション株式会社、株式会社金星堂によって共同開発されました。

CheckLink は株式会社金星堂の登録商標です。

CheckLink の使い方に関するお問い合わせは…

正興ITソリューション株式会社　CheckLink 係

e-mail checklink@seiko-denki.co.jp

このテキストのメインページ
www.kinsei-do.co.jp/plusmedia/0734

次のページの QR コードを読み取ると
直接ページにジャンプできます

オンライン映像配信サービス「plus⁺Media」について

本テキストの映像は plus⁺Media ページ（www.kinsei-do.co.jp/plusmedia）から、ストリーミング再生でご利用いただけます。手順は以下に従ってください。

ログイン

● ご利用には、ログインが必要です。
サイトのログインページ（www.kinsei-do.co.jp/plusmedia/login）へ行き、plus⁺Media パスワード（次のページのシールをはがしたあとに印字されている数字とアルファベット）を入力します。

● パスワードは各テキストにつき 1 つです。
有効期限は、<u>はじめてログインした時点から 1 年間</u>になります。

ログインページ

[利用方法]

次のページにある QR コード、もしくは plus⁺Media トップページ（www.kinsei-do.co.jp/plusmedia）から該当するテキストを選んで、そのテキストのメインページにジャンプしてください。

plus+Media トップ　　メインページ

メニューページ　　　再生画面

「Video」「Audio」をタッチすると、それぞれのメニューページにジャンプしますので、そこから該当する項目を選べば、ストリーミングが開始されます。

[推奨環境]

iOS (iPhone, iPad)	OS: iOS 12 以降 ブラウザ：標準ブラウザ	Android	OS: Android 6 以降 ブラウザ：標準ブラウザ、Chrome
PC	OS: Windows 7/8/8.1/10, MacOS X　ブラウザ：Internet Explorer 10/11, Microsoft Edge, Firefox 48以降, Chrome 53以降, Safari		

※最新の推奨環境についてはウェブサイトをご確認ください。
※上記の推奨環境を満たしている場合でも、機種によってはご利用いただけない場合もあります。また、推奨環境は技術動向等により変更される場合があります。予めご了承ください。

本テキストをご使用の方は以下の動画を視聴することができます。

発音解説・練習動画

解説パート
李軼倫先生が発音のコツをわかりやすく解説

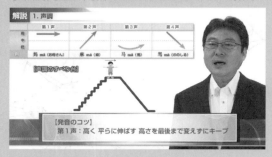

練習パート
チャンツを活用して、リズムに合わせて練習

文法解説動画

金子真生先生が文法について簡潔に解説

確認問題は CheckLink で解答状況を確認

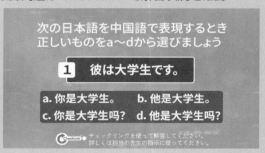

日中異文化理解動画

会話シーン

解説シーン

● 日本を舞台とした会話シーンでは、日本人学生と留学生のやり取りから、日中異文化を描いています。

● 解説シーンでは洪潔清先生による異文化理解の説明があります。

4技能習得!! 実践初級中国語
―理解から定着、そして活用へ―

2024 年 1 月 9 日　初 版 発 行

著　者　　長谷川賢
　　　　　加部勇一郎
　　　　　陳敏
発行者　　福岡正人
発行所　　株式会社　金星堂

〒101-0051　東京都千代田区神田神保町 3-21
Tel. 03-3263-3828　Fax. 03-3263-0716
E-mail : text@kinsei-do.co.jp
URL : http://www.kinsei-do.co.jp

編集担当　川井義大　　　　　　　　　2-00-0734
組版／株式会社欧友社　印刷／興亜産業　製本／松島製本

KINSEIDO, 2024, Printed in Japan

ISBN978-4-7647-0734-4　C1087

西安

四 川

云 南

西北

西南

乌鲁木齐

新疆维吾尔自治区

青海省

西藏自治区

拉萨

呼和浩特

黑龙江省
· 哈尔滨

长春
· 吉林省

华北

内蒙古自治区

沈阳 ·
辽宁省

东北

呼和浩特 ·
· 北京市
石家庄 · · 天津市
河北省

宁夏回族
自治区
银川

山西省
· 太原

· 济南
山东省

北京

西宁 · 兰州

甘肃省

西安
陕西省

郑州
河南省

安徽省 · 南京
· 合肥

江苏省 华东

上海市

四川省 成都

湖北省 · 武汉
华中

杭州
浙江省

重庆市

· 长沙

· 南昌

湖南省

江西省
福建省

福州

贵州省
贵阳

台北 台湾

昆明
南省

广西壮族
自治区
· 广州

广东省

华南

南宁

香港
澳门

· 海口
海南省

上 海

中国語音節表

声母＼韻母	介音なし a	o	e	-i[ʅ]	-i[ɿ]	er	ai	ei	ao	ou	an	en	ang	eng	-ong	i[i]	ia	iao
ゼロ	a	o	e			er	ai	ei	ao	ou	an	en	ang	eng		yi	ya	yao
b	ba	bo					bai	bei	bao		ban	ben	bang	beng		bi		biao
p	pa	po					pai	pei	pao	pou	pan	pen	pang	peng		pi		piao
m	ma	mo	me				mai	mei	mao	mou	man	men	mang	meng		mi		miao
f	fa	fo						fei		fou	fan	fen	fang	feng				
d	da		de				dai	dei	dao	dou	dan	den	dang	deng	dong	di		diao
t	ta		te				tai		tao	tou	tan		tang	teng	tong	ti		tiao
n	na		ne				nai	nei	nao	nou	nan	nen	nang	neng	nong	ni		niao
l	la		le				lai	lei	lao	lou	lan		lang	leng	long	li	lia	liao
g	ga		ge				gai	gei	gao	gou	gan	gen	gang	geng	gong			
k	ka		ke				kai	kei	kao	kou	kan	ken	kang	keng	kong			
h	ha		he				hai	hei	hao	hou	han	hen	hang	heng	hong			
j																ji	jia	jiao
q																qi	qia	qiao
x																xi	xia	xiao
zh	zha		zhe	zhi			zhai	zhei	zhao	zhou	zhan	zhen	zhang	zheng	zhong			
ch	cha		che	chi			chai		chao	chou	chan	chen	chang	cheng	chong			
sh	sha		she	shi			shai	shei	shao	shou	shan	shen	shang	sheng				
r			re	ri					rao	rou	ran	ren	rang	reng	rong			
z	za		ze		zi		zai	zei	zao	zou	zan	zen	zang	zeng	zong			
c	ca		ce		ci		cai		cao	cou	can	cen	cang	ceng	cong			
s	sa		se		si		sai		sao	sou	san	sen	sang	seng	song			

声母グループ: 唇音（b・p・m・f） / 舌尖音（d・t・n・l） / 舌根音（g・k・h） / 舌面音（j・q・x） / そり舌音（zh・ch・sh・r） / 舌歯音（z・c・s）

介音 i						介音 u									介音 ü			
iou	ian	in	iang	ing	iong	u	ua	uo	uai	uei	uan	uen	uang	ueng	ü	üe	üan	ün
you	yan	yin	yang	ying	yong	wu	wa	wo	wai	wei	wan	wen	wang	weng	yu	yue	yuan	yun
	bian	bin		bing		bu												
	pian	pin		ping		pu												
miu	mian	min		ming		mu												
						fu												
diu	dian			ding		du		duo		dui	duan	dun						
	tian			ting		tu		tuo		tui	tuan	tun						
niu	nian	nin	niang	ning		nu		nuo			nuan				nü	nüe		
liu	lian	lin	liang	ling		lu		luo			luan	lun			lü	lüe		
						gu	gua	guo	guai	gui	guan	gun	guang					
						ku	kua	kuo	kuai	kui	kuan	kun	kuang					
						hu	hua	huo	huai	hui	huan	hun	huang					
jiu	jian	jin	jiang	jing	jiong										ju	jue	juan	jun
qiu	qian	qin	qiang	qing	qiong										qu	que	quan	qun
xiu	xian	xin	xiang	xing	xiong										xu	xue	xuan	xun
						zhu	zhua	zhuo	zhuai	zhui	zhuan	zhun	zhuang					
						chu	chua	chuo	chuai	chui	chuan	chun	chuang					
						shu	shua	shuo	shuai	shui	shuan	shun	shuang					
						ru	rua	ruo		rui	ruan	run						
						zu		zuo		zui	zuan	zun						
						cu		cuo		cui	cuan	cun						
						su		suo		sui	suan	sun